Kohlhammer

Lindauer Beiträge zur Psychotherapie und Psychosomatik

Herausgegeben von Michael Ermann und Dorothea Huber

Michael Ermann, Prof. Dr. med. habil., ist Psychoanalytiker in Berlin und em. Professor für Psychotherapie und Psychosomatik an der Ludwig-Maximilians-Universität München.

Dorothea Huber, Professor Dr. med. Dr. phil., war bis 2018 Chefärztin der Klinik für Psychosomatische Medizin und Psychotherapie an der München Klinik. Sie ist Professorin an der Internationalen Psychoanalytischen Universität, IPU Berlin, und in der wissenschaftlichen Leitung der Lindauer Psychotherapiewochen tätig.

Eine Übersicht aller lieferbaren und im Buchhandel angekündigten Bände der Reihe finden Sie unter:

 https://shop.kohlhammer.de/lindauer-beitraege

Michael Ermann

Identität und Begehren

Zur Psychodynamik der Sexualität

2., überarbeitete Auflage

Verlag W. Kohlhammer

Dieses Werk einschließlich aller seiner Teile ist urheberrechtlich geschützt. Jede Verwendung außerhalb der engen Grenzen des Urheberrechts ist ohne Zustimmung des Verlags unzulässig und strafbar. Das gilt insbesondere für Vervielfältigungen, Übersetzungen und für die Einspeicherung und Verarbeitung in elektronischen Systemen.

Pharmakologische Daten verändern sich ständig. Verlag und Autoren tragen dafür Sorge, dass alle gemachten Angaben dem derzeitigen Wissensstand entsprechen. Eine Haftung hierfür kann jedoch nicht übernommen werden. Es empfiehlt sich, die Angaben anhand des Beipackzettels und der entsprechenden Fachinformationen zu überprüfen. Aufgrund der Auswahl häufig angewendeter Arzneimittel besteht kein Anspruch auf Vollständigkeit.

Die Wiedergabe von Warenbezeichnungen, Handelsnamen und sonstigen Kennzeichen berechtigt nicht zu der Annahme, dass diese frei benutzt werden dürfen. Vielmehr kann es sich auch dann um eingetragene Warenzeichen oder sonstige geschützte Kennzeichen handeln, wenn sie nicht eigens als solche gekennzeichnet sind.

Es konnten nicht alle Rechtsinhaber von Abbildungen ermittelt werden. Sollte dem Verlag gegenüber der Nachweis der Rechtsinhaberschaft geführt werden, wird das branchenübliche Honorar nachträglich gezahlt.

Dieses Werk enthält Hinweise/Links zu externen Websites Dritter, auf deren Inhalt der Verlag keinen Einfluss hat und die der Haftung der jeweiligen Seitenanbieter oder -betreiber unterliegen. Zum Zeitpunkt der Verlinkung wurden die externen Websites auf mögliche Rechtsverstöße überprüft und dabei keine Rechtsverletzung festgestellt. Ohne konkrete Hinweise auf eine solche Rechtsverletzung ist eine permanente inhaltliche Kontrolle der verlinkten Seiten nicht zumutbar. Sollten jedoch Rechtsverletzungen bekannt werden, werden die betroffenen externen Links soweit möglich unverzüglich entfernt.

2., überarbeitete Auflage 2023

Alle Rechte vorbehalten
© W. Kohlhammer GmbH, Stuttgart
Gesamtherstellung: W. Kohlhammer GmbH, Stuttgart

Print:
ISBN 978-3-17-043078-5

E-Book-Formate:
pdf: ISBN 978-3-17-043079-2
epub: ISBN 978-3-17-043080-8

Inhaltsverzeichnis

Vorwort zur 2. Auflage 9

1. Vorlesung Das Sexuelle und die Geschlechtsidentität 11
   Sexualität und das Sexuelle 11
      Was ist Sexualität? 11
      Partnerschaftliche Liebe, Erotik und Begehren 14
      Sex und Gender 15
      Geschlechtsidentität und sexuelles Selbst 16
      Entwicklung der Geschlechtsidentität 19
      Konstitutionelle Bisexualität als Disposition für die
      sexuelle Identität und Objektwahl 22
      Von der binären zur multiplen
      Geschlechterordnung 25
      Geschlechterrollen 28
      Sexualität von Frauen und von Männern 30
   Funktionen der Sexualität: Fortpflanzung, Lust,
   Beziehungsgestaltung 32
      Die Fortpflanzungsfunktion 32
      Die Lustfunktion 33
      Die Beziehungsfunktion: Sexualität und Liebe 34
   Sexualitäten 35

2. Vorlesung
Sexualität und die Psychoanalyse 41
   Der Ursprung der Sexualität 42
   Die Triebtheorie der Neurosen 44

Der (Sexual-)Trieb 47
  Varianten der Triebtheorie 48
  Das Sexuelle und die Triebentwicklung 49
  Phasen der psychosexuellen Entwicklung 51
  Zur Bedeutung der Freud'schen Trieblehre 55
Jenseits der Triebtheorie 58
Weibliche Sexualität in der Psychoanalyse 60
  Freuds Auffassung der weiblichen Entwicklung 60
  Neuere Anschauungen zur weiblichen Sexualität ... 62
  Zur zeitgemäßen Diskussion um die weibliche
  Sexualität 64

3. Vorlesung
Sexualität in der Psychotherapie **67**
  Das Verblassen der Sexualität in der Theorie 67
  Sexualität als Thema in der Behandlung 68
  Das Sexuelle in der Behandlungssituation 70
    Übertragungsliebe 75
    Grenzverletzungen 77
  Sexualstörungen und ihre analytische Behandlung 78
    Störungen befriedigender Sexualität 78
    Was sind psychogene Sexualstörungen? 79
    Sexualität, Befinden und Lebensqualität 84
    Die Entstehung psychogener Sexualstörungen
    (Pathogenese) 85
    Seelische Hintergründe (Psychodynamik) 87
    Behandlung mit psychoanalytisch begründeten
    Verfahren 90

4. Vorlesung
Besondere Spielarten des Sexuellen **94**
  Von der normativen Sexualität zu den Neosexualitäten 94
  Paraphilie: Störung der sexuellen Präferenz 96
    Wesen und Formen der Paraphilie 97
    Persönlichkeiten 105
    »Perversionen« und die Psychoanalyse 107

Behandlung	112
Transgender, Transidentität und nicht-binäre Geschlechtsidentität	114
Transgender und Geschlechtsinkongruenz	115
Unklare Geschlechtsentwicklung: Intersexualität	126

5. Vorlesung
Sexuelle Orientierung ... **130**

Über sexuelle Orientierungen	130
Sexuelle Orientierung und gesellschaftlicher Wandel	132
Persönlichkeiten und Komorbidität	134
Ursachen der sexuellen Orientierung	134
Über psychische Bisexualität	137
Über Homosexualität	138
Geschichtliches	138
Definition und Erscheinungen	140
Normale Homosexualität (Neigungshomosexualität)	142
Die normale homosexuelle Entwicklung	142
Homosexualität als eigenständige Entwicklung	145
Die Persönlichkeit bei Homosexualität	148
Homosexualität als Krankheitsrisiko	148
Homosexualität in der psychoanalytischen Behandlung	151
Spezielle Manifestationen der Homosexualität	156
Latente Homosexualität	156
Entwicklungshomosexualität	156
Situative Homosexualität	157
Konflikthomosexualität als Abwehr	157

Literatur ... **159**

Stichwortverzeichnis ... **165**

Personenverzeichnis ... **169**

Vorwort zur 2. Auflage

Was sollte ein psychodynamisch orientierter Psychotherapeut für seine Arbeit von der Sexualität wissen? Diese Frage leitete mich bei der Vorbereitung meines Vorlesungsseminars zum Thema »Sexualitäten« für die Lindauer Psychotherapiewochen 2018. Das Ergebnis habe ich in diesem Band niedergelegt. Es ist das Anliegen dieses Buches, unser derzeitiges Verständnis der Sexualität und ihres Wandels für die psychotherapeutische Praxis nutzbar zu machen.

Es umfasst das Basiswissen, das mir für das Verständnis der vielen Formen heutiger Sexualität unentbehrlich erscheint, die psychoanalytische Theorie, einen Überblick über sexuelle Störungen sowie über die Varianten der sexuellen Praktiken und Orientierungen.

Für die 2. Auflage wurde der Text aktualisiert und an markanten Stellen präzisiert und verbessert. Dabei wurde insbesondere der Wandel der Sexualität vor dem Hintergrund der gesellschaftlichen Entwicklungen in den letzten Jahren berücksichtigt. Er hat zu einer Vervielfältigung der sexuellen Verhaltensweisen und Lebensformen geführt, die ihrerseits auf den Gesellschaftsprozess zurückwirken. Die Sexualität ist in einem fortwährenden Prozess begriffen. Darin wirkt die Gesellschaft einerseits über Normen und Werte als Regulativ, nimmt andererseits aber auch Impulse aus der sexuellen Emanzipation im letzten Jahrhundert auf und verändert sich.

Auch das psychodynamische Verständnis der Sexualität hat sich verändert. Standen Sigmund Freuds bahnbrechende Abhandlungen von 1905 ganz im Zeichen seiner Triebtheorie, so vertreten wir heute eine umfassendere Sicht. Sie vereint die verschiedenen Entwicklungen der Psychoanalyse und gelangt über interpersonelle und intersubjektive Konzepte zu neuen Einsichten in die Organisation des Sexuellen im Lebensverlauf. Stärker als früher erkennen wir heute, dass sexuelle Identität und Begehren in jeder Begegnung neu ausgehandelt werden müssen. Die alten Festschreibungen auf Positionen wie aktiv *oder* passiv, intrusiv oder rezeptiv, gleichgeschlechtlich oder gegengeschlechtlich reichen nicht mehr aus. Selbst die basalen Ordnungskategorien Frau und Mann stehen heute zur Disposition.

Über die Verwendung der femininen bzw. maskulinen Bezeichnungen habe ich mir bei diesem Buch, das die Gender-Fragen immer wieder thematisiert, besondere Gedanken gemacht. Ich hoffe, dass das Ergebnis, beide Formen im Wechsel und gelegentlich in Kombination zu verwenden, annehmbar ist.

Alle Fallvignetten wurden anonymisiert, für die Publikation verändert und mit fiktiven Vornamen versehen.

Bei den Literaturverweisen habe ich absichtlich darauf verzichtet, historische Texte durch Verweise zu belegen. Bei Gedanken von Sigmund Freud sind die Fundstellen, soweit nicht anders belegt, stets die *Drei Abhandlungen zur Sexualtheorie* von 1905.

Wie bei der Erstauflage schulde ich dem Kohlhammer Verlag Dank für die Unterstützung und die unkomplizierte Zusammenarbeit.

Michael Ermann, Berlin, im Frühjahr 2023

1. Vorlesung
Das Sexuelle und die Geschlechtsidentität

Sexualität und das Sexuelle

Die Frage, mit der ich beginne, erscheint trivial: Was ist Sexualität? Denn wer wüsste nicht, worum es geht, wenn wir über das Sexuelle sprechen. Aber hat nicht der Wandel unserer gesellschaftlichen Moral und Normen sowie die Akzeptanz neuer Lebensformen und sexueller Verhaltensweisen zu einer unerhörten Diversifizierung und einer Veränderung unserer Vorstellungen von Sexualität geführt? In dieser einleitenden Vorlesung werde ich daher über Grundsätzliches zur Sexualität sprechen: über Begriffe und Definitionen, über Konzepte und Phänomene, über die Funktionen der Sexualität und ihre Äußerungsformen.

Was ist Sexualität?

Sexualität (von [lat.] sexus: Geschlecht) bedeutet sinngemäß »Geschlechtlichkeit«. Wir bezeichnen damit die Lebensäußerungen und Empfindungen in Bezug auf das Geschlechtliche.

Viele glauben, Sexualität sei die wichtigste Sache der Welt. Auf jeden Fall gehört sie zu den menschlichen Grundbedürfnissen. Sie ist eine Funktion an der Nahtstelle zwischen unserem Erleben und Verhalten, zwischen unserer Körperlichkeit und unseren Beziehungen – anders gesprochen: In der Sexualität verbinden sich Leib, Psyche und Sozialgefüge. Dabei hat das Konzept der Sexualität verschiedene Dimensionen, die eng aufeinander bezogen und miteinander verwoben sind:

- Die *innerseelische Dimension* ist vor allem durch das individuelle sexuelle Erleben gekennzeichnet. Dazu gehören das sexuelle Selbst mit den Repräsentanzen der eigenen Geschlechtlichkeit und ihren Konflikten sowie die Geschlechtsidentität mit der Art des sexuellen Begehrens.
- Die *interpersonelle Dimension* betrifft die Sexualität als verbindendes Erleben und Verhalten, insbesondere in der Partnerschaft, aber auch die Vermittlung von sexuellen Werten und Normen in der Beziehung zu den Bezugspersonen.
- Die *gesellschaftliche Dimension* ist bezogen auf normative Vorgaben für die Sexualität und auf die Zuschreibung von Geschlechterrollen. Heute spricht man von »Konstruktionen der Sexualität«.
- Die *biologische Dimension* ist im engeren Sinne auf die Fortpflanzung und Arterhaltung ausgerichtet. Sie umfasst das genetische Geschlecht, das sich aus der chromosomalen Ausstattung ergibt, das anatomische Geschlecht bezogen auf die Geschlechtsorgane, das hormonelle Geschlecht bezogen auf den Hormonstatus sowie die psychophysiologischen Prozesse im Zusammenhang mit dem sexuellen Erleben und Verhalten. Als »Brain sex« beschreiben Neurophysiologen zudem Unterschiede zwischen den Gehirnen von Männern und Frauen.

Sexualität ist das Ergebnis einer Entwicklung, in der das Sexuelle organisiert wird. Daneben gibt es eine *psychosexuelle Konstitution*, d.h. die Grundausstattung. Wir können sie als Konstrukt für einen Rest Unerklärtes in der Sexualität verstehen. Darin scheinen Merkmale wie Triebstärke und psychologische Faktoren wie das Grundempfinden von Geschlechtlichkeit eine Rolle zu spielen. Kritisch muss man aber sagen, dass wir nicht so recht wissen, was die psychosexuelle Konstitution tatsächlich ist.

Das *Sexuelle* beinhaltet die Triebhaftigkeit. Es ist ziellos, zeitlos und ungerichtet. Es ist eine Kategorie des Psychischen, vergleichbar dem Emotionalen. Es äußert sich in der Liebe, in der Kreativität, in jeder Form des Lebendigen und in der Beziehung. Das Sexuelle ist von Anfang an da. Es entwickelt sich nicht, nimmt aber verschiedene Erscheinungsformen an, in denen es sich äußert. Es kann als solches übrigens nicht erkranken, glaubt Fritz Morgenthaler[1], der die Abgrenzung des Sexuellen von der Sexualität eingeführt hat.

Sexualität meint dagegen Empfindungen, Lebensäußerungen und Erlebnisweisen, die mit dem bewussten und unbewussten Geschlechtserleben zusammenhängen. Sie umfasst Lust, Reiz und Begehren, Fantasien und Impulse. Sie entwickelt sich aus dem Sexuellen heraus unter innerseelischen, interpersonellen, familiären und gesellschaftlichen Einflüssen. Es sind insbesondere die Einstellungen und Verhaltensweisen, die mit dem Geschlechtsverkehr verbunden sind. Sie rufen ein spezifisches Lusterleben hervor und haben das Ziel, dieses zu befriedigen. Unter dem Einfluss der sozialen Umwelt und der verinnerlichten Normen und Werte können sie sich verändern, verzerrt werden und zu beglückenden oder frustrierenden Erlebnissen führen.

Als *Sexualverhalten* (»Sex«) bezeichnen wir die praktische Ausübung der Sexualität, den Geschlechtsverkehr. Damit beschreiben wir insbesondere genitale Handlungen, welche Erregung hervorrufen und befriedigen, im weiteren Sinne aber auch andere Praktiken, die den Verkehr begleiten und ihm folgen oder die auch, wie bei einigen Paraphilien, ganz abgelöst von der Genitalität bestehen können.

Im Zentrum der Sexualität steht unser Erleben und Verhalten als Person mit einer individuellen Geschlechtlichkeit. Die Handlungen können autoerotisch sein wie bei der Masturbation. Sie können auf Objekte ausgerichtet sein wie bei der Paraphilie. Im Allgemeinen erleben und verhalten wir uns sexuell jedoch in der Beziehung zu anderen. Das kann eine Frau sein oder ein Mann oder beides oder ein Jemand dazwischen. Die Gefühle, Phantasien, Wahrnehmungen, Sinnesorgane und neurophysiologischen Prozesse, die dabei eine Rolle spielen, werden im Gehirn als Schaltstelle für sexuelles Erleben und Verhalten koordiniert. »Sex« spielt sich zu einem großen Teil im Gehirn ab.

Sexualität ist nicht nur ein höchstpersönliches und zwischenmenschliches, sondern immer auch ein gesellschaftliches Phänomen. Die Entwicklung im letzten Jahrhundert zeigt, wie stark sie in den kulturellen Prozess eingebunden ist. Gesellschaftliche Phänomene wie die Frauenbewegung haben starken Einfluss auf die Erscheinungsweisen der Sexualität

---

1 Morgenthaler F (1984), S. 138

genommen. Umgekehrt hat die Veränderung sexueller Lebensweisen sich nachhaltig auf den Kulturprozess ausgewirkt und zu einer Veränderung des Frauenbildes in unserer Gesellschaft und zur weiblichen sexuellen Emanzipation beigetragen.

Partnerschaftliche Liebe, Erotik und Begehren

Was ist die *Liebe*? Wir alle kennen diesen beglückenden Zustand, der uns aus dem Alltag und sogar ein Stück aus der Realität entrückt. Es ist die innige seelische, geistige und körperliche Zuneigung zu einem anderen Menschen, die diese kleine »Verrücktheit« in uns hervorruft.

Es ist jedoch schwierig, genau zu fassen, was Liebe ist. Denn Liebe ist ein schillerndes Geschehen mit vielfachen Facetten und Bedeutungen. Das zeigen die vielen Versuche einer Definition in verschiedenen Kontexten, zum Beispiel in der Lyrik, in der Musik und in der darstellenden Kunst. Auch die Philosophie und Humanwissenschaften suchen nach Antworten auf die Frage: Was ist die Liebe?

Im Zusammenhang mit unserem Thema der Sexualität beschränke ich mich auf die *Partnerliebe*. Sie ist ein starkes Gefühl der Zuneigung zwischen Menschen, eine seelische Verbundenheit, verknüpft mit erotischer Anziehung und körperlichem Verlangen. In der Liebe vereinen sich das geistige, emotionale und körperliche Streben nach dem Anderen. Wirklich erfüllend ist sie, wenn sie vom Anderen erwidert wird. Unsere heutige Auffassung setzt Freiwilligkeit und Gegenseitigkeit voraus. Denn Liebe kann man nicht erzwingen. Insofern ist Partnerliebe auch Ausdruck einer Beziehungsethik, die von Respekt und Achtung getragen wird.

Erotik bezeichnet die sinnliche Liebe. Sie umfasst die Anziehung durch das körperlich Geschlechtliche. Sie weckt das Verlangen, sich dem geliebten Anderen zu nähern und mit ihm in Leidenschaft zu vereinigen.

Dieses Verlangen wird in der Psychoanalyse auch als *Begehren* bezeichnet. Dieser Begriff wurde durch den Einfluss der französischen Schule von Jaques Lacan populär. Dort bezeichnet er ein allgemeines Organisationsprinzip[2], vergleichbar der Libido bei Freud. Ich beschreibe mit Begehren

---

2 Jaques Lacan (1964) spricht von »le désir«.

das Verlangen nach Lust und Befriedigung aneinander als eine zentrale Motivation in Beziehungen. Das Begehren verweist auf Emotionen und Affekte, auf Vorstellungen und Phantasien, während der Begriff »Trieb« die sexuelle Lust und ihre Befriedigung im Körperlichen betont.

Sex und Gender

Ein wichtiger Markstein in der Sexualforschung ist die Unterscheidung zwischen der biologisch-körperlichen und der psychosozialen Ebene der Sexualität. Sie betrifft traditionell die Unterschiede zwischen Frauen und Männern. Diese sind durchaus nicht nur von der Biologie vorgegeben, wie man im Alltag oft annimmt, sondern werden auch von der Gesellschaft konstruiert. So wird die Gebärfähigkeit von Frauen naturgemäß der biologischen Ebene zugeschrieben, aber ihre Funktion der Kinderaufzucht ist nicht zwangsläufig daran gebunden, sondern als psychosoziale Zuschreibung zu verstehen.

In den westlichen Ländern hat sich diese Unterscheidung in den 1960er Jahren eingebürgert. Sie hat die Gegenüberstellung von Sex und Gender[3] hervorgebracht.

- *Sex* steht dabei für das biologische Geschlecht, d. h. für biologische Eigenschaften,
- *Gender* beschreibt den sozialen Kontext und die soziokulturellen Aspekte der Geschlechtlichkeit.

Die Unterscheidung wurde von der zweiten Frauenbewegung aufgegriffen und ist heute aus dem Diskurs über Sexualität nicht mehr wegzudenken.

Zum Gender gehören die Geschlechtsidentität und die Geschlechterrollen. Dabei geht es um Sozialisationsprozesse vor dem Hintergrund von biologischen Gegebenheiten und Merkmalen, soziokulturellen Kontexten und geschlechtsbezogenen Wert- und Normvorstellungen. Diese Zuschreibungen werden von Machtverhältnissen geprägt[4]. So ist z. B. die

---

3 Money J (1955), Stoller RJ (1968)
4 Foucault M (1996)

1. Vorlesung Das Sexuelle und die Geschlechtsidentität

Stellung der Frauen in einer abendländischen Gesellschaft in den verschiedenen Epochen davon abhängig gewesen, welche Vorstellungen Männer darüber entwickelt haben und welche Rolle sie ihnen zugewiesen haben. Das jeweils vorherrschende Frauenbild fand in allen Bereichen Ausdruck: in Rechten und Pflichten, im Auftreten, im Denken, Fühlen und Handeln, in Interaktionsmustern und anderem bis hin zur Sprache. Die Sexualwissenschaft untersucht, wie der Mensch im Zuge seiner individuellen Entwicklung, d. h. seiner Sozialisation, sein Gender erwirbt. Sozialisation bedeutet dabei Anpassung an gesellschaftliche Denk- und Gefühlsmuster durch Verinnerlichung von sozialen Normen. Heute ist ihr Interesse weniger auf übergeordnete kategoriale Prozesse ausgerichtet als auf ein individualisiertes Verständnis der Partnerwahl, indem sie fragt, was der Mensch bei verschiedenen Partnern sucht und was die unterschiedlichen Partner in ihm auslösen und befriedigen. Damit vertritt die Sexualwissenschaft heute ein offenes Genderkonzept. Nach diesem Konzept gibt es keine Heterosexualität, Homosexualität oder Bisexualität als solche, sondern allenfalls sexuelle Orientierungen, die individuell verschieden sind.

Geschlechtsidentität und sexuelles Selbst

Unser Selbsterleben als sexuelles Wesen findet in der *Geschlechtsidentität* Ausdruck. Dieser Begriff aus der Sexualwissenschaft wurde als »gender role« von John Money 1955 in die Psychoanalyse eingeführt und von Robert Stoller weiter differenziert. Er bezeichnete das subjektive Geschlechtserleben. Darunter versteht man »das tief empfundene innere und persönliche Gefühl der Zugehörigkeit zu einem Geschlecht, das mit dem Geschlecht, das man bei seiner Geburt hatte, übereinstimmt oder nicht übereinstimmt; dies schließt die Wahrnehmung des eigenen Körpers sowie andere Ausdrucksformen des Geschlechts, z. B. durch Kleidung, Sprache und Verhaltensweisen, ein.«[5]

Aus psychoanalytischer Sicht kann man von einem *sexuellen Selbst* sprechen. Es umfasst zunächst die Ahnung, überhaupt ein Wesen mit

---

5 Die Yogyakarta-Prinzipien. In: Hirschfeld-Eddy-Stiftung (2008)

einem Geschlecht zu sein, die sich später zu der Vorstellung weiterentwickelt, einem bestimmten Geschlecht anzugehören. Dabei bilden sich psychische Repräsentanzen der psychischen, körperlichen und sozialen Geschlechtlichkeit.

Es ist zuerst die Umwelt, die in einem ein weibliches oder ein männliches kleines Wesen sieht. Diese Zuordnung geht vom biologischen Geschlecht aus, das man bei seiner Geburt mitbringt. Es ergibt sich aus dem anatomischen Phänotyp, bezogen auf das Genitale. Im Zweifelsfall bezieht die Beurteilung den Status der Chromosomen und den Hormonstatus mit ein: Männer haben Hoden und Penis, einen kantigen Körperbau und Brustbehaarung, ein Y-Chromosom und eine geschlechtsspezifisch hohe Menge an Testosteron. Frauen haben eine Vulva und eine Vagina, eine weibliche Brust, runde Körperformen und ein breites Becken, kein Y-Chromosom und nur geringe Mengen an Testosteron.

Es sind also zunächst die Reaktionen der frühen Bezugspersonen und des sozialen Umfeldes, an denen sich die zunächst noch sehr vage Ahnung herausbildet, in der konventionellen Sichtweise ein Mann oder eine Frau zu sein. Das sexuelle Selbst entsteht demnach zuerst aus der Zuordnung des biologischen Geschlechts durch die Umwelt zu den Kategorien weiblich oder männlich. Erst später entwickelt sich ein Bewusstsein der Geschlechtsorgane und des Geschlechtsunterschieds, das mit der Vorstellung einer Geschlechterrolle verknüpft wird.

Darüber hinaus beschreibt die Geschlechtsidentität die *Befindlichkeit* im erlebten Geschlecht. Wie fühle ich mich in meinem Körper und in meinem Verhalten mit der mir zugeschriebenen Rolle als Mann bzw. als Frau? Oder zugespitzt gefragt: Bin ich im richtigen, zu mir passenden Körper? Die Antwort hängt stark davon ab, wie das Umfeld auf Mädchen und Jungen reagiert: ob die Vorstellungen, die man von sich selbst hat, und das Empfinden der eigenen Geschlechtlichkeit mit den Vorstellungen und Erwartungen übereinstimmen, die wichtige Menschen einem spiegeln.

Große Bedeutung für die Geschlechtsidentität haben *Zuweisungen*, vor allem in der frühen Entwicklung. Damit werden die projektiven und identifikatorischen Prozesse beschrieben, durch die bewusst und unbewusst Erwartungen des Umfeldes weitergegeben werden. Eltern behandeln ihre Kinder von Anfang an als werdende Frau oder als werdenden Mann. Wahrscheinlich gibt es schon bei der Zeugung unbewusste Vorstellungen darüber. Diese Vorstellungen und Erwartungen prägen die Beziehung zu ihrem Kind. Es nimmt die Erwartungen in sich auf und identifiziert sich damit.

Beim kleinen Mädchen werden die Eigenschaften bestätigt und gefördert, die dem Bild der Eltern von »weiblich« entsprechen; Männliches wird beim Mädchen nicht gefördert oder sogar unterdrückt. Entsprechend ist die Entwicklung männlicher Kinder: Das Bubenhafte wird befördert, das Mädchenhafte abgewiesen. Da wir uns in der Kindheit gegen solche Zuweisungen nicht wehren können, werden sie prägend. Die Geschlechtsidentität ist also eine intersubjektive Schöpfung und nicht einfach angeboren. Je nachdem, ob wir den an uns gerichteten Erwartungen entsprechen oder nicht, je nachdem, ob sie zu unserer psychosexuellen Konstitution passen, entsteht auf diese Weise eine stabile oder eine konflikthafte Geschlechtsidentität.

Hintergrund solcher Zuweisungen ist die Überzeugung, dass die Geschlechterordnung nur zwei Kategorien hat, die sich gegenseitig ausschließen, nämlich weiblich und männlich. Dieses Konzept einer *binären Geschlechterordnung* ist für unsere abendländische Kultur beherrschend. Es entspricht aber nicht der Wirklichkeit. Es ist kulturell geprägt und wird von Generation zu Generation weitergegeben.

Die Wirklichkeit ist aber anders. Sie kennt auch Menschen, deren Geschlechtserleben nicht zum biologischen Geburtsgeschlecht passt oder deren Geburtsgeschlecht weder eindeutig männlich noch eindeutig weiblich ist oder die sich nicht dem einen oder dem anderen Pol zuordnen lassen (wollen)[6]. Das dichotome Geschlechtsmodell, wonach man lebenslang nur Frau oder nur Mann sein kann, ist dennoch bis heute ein vorrangiges Ordnungsprinzip in den meisten Gesellschaften und bestimmt auch das psychoanalytische Denken in Theorie und Praxis. In den westlichen Ländern gerät es in der letzten Zeit allerdings ins Wanken.

---

6 vgl. die Abschnitte über besondere Formen der Geschlechtsidentität (▶ 4.Vorlesung, Geschlechtsdysphorie und Intersexualität)

Entwicklung der Geschlechtsidentität

Aus psychodynamischer und -sozialer Sicht betrachtet man die Entwicklung der Geschlechtsidentität als einen stufenweisen Entwicklungsprozess. Am Anfang steht eine unbestimmte Ahnung der Geschlechtlichkeit, die schon von Geburt an bestehen soll. Das Ergebnis ist die reife Geschlechtlichkeit, die mit der Adoleszenz erreicht wird. Die geschlechtliche Identität entwickelt sich von da an entlang der Linie der Altersprozesse weiter und tritt in altersspezifischen Formen in Erscheinung. So gibt es spezifische Varianten im frühen und späteren Erwachsenenalter, in der Lebensmitte und im Alter.

> **Kasten 1: Entwicklung der sexuellen Identität[7]**
>
> - Sexuelle Protoidentität (Proto-Geschlechtsidentität)
> - Sexuelle Kernidentität (core gender identity)
> - Geschlechterrollen-Identität (gender role identity)
> - Sexuelle Orientierung (Geschlechtspartnerorientierung, Objektwahl-Identität, sexual partner orientiation)
> - Reife Geschlechtsidentität

Sexuelle Protoidentität

Der Mensch wird mit einer Grundbereitschaft geboren, sich »sexuell« zu fühlen. Dieses Empfinden kann man als *sexuelle Protoidentität* bezeichnen. Raimund Reiche spricht von Proto-Geschlechtsidentität[8]. Worauf sie beruht, ist bis heute nicht sicher bekannt. Als Einflussgrößen kommen genetische, hormonelle oder hirnorganische Faktoren in Betracht sowie biologische, vornehmlich mütterliche hormonelle Einflüsse, und vielleicht auch unbekannte psychische und psychosomatische Einwirkungen in der

---

7 in Anlehnung an Stoller RJ (1968) und Reiche R (1997); Übersicht bei Mertens W (1992)
8 Reiche R (1997)

vorgeburtlichen Entwicklung. Für diese Ausgangssituation verwenden wir den Begriff *psychosexuelle Konstitution*.

Von Anfang an spielt jedenfalls das Geschlecht als »ungedachtes Bekanntes«[9] eine wichtige Rolle. Dieses ist nicht so binär im Sinne von weiblich oder männlich, wie wir es zumeist unterstellen. Die Zuordnung geschieht erst in der Interaktion mit den Eltern und anderen nahen Bezugspersonen. Sie geben dem Kind einen geschlechtsspezifischen Namen, kommentieren sein Verhalten und bestärken geschlechtskonforme Merkmale.

Sexuelle Kernidentität

Die frühen interaktionellen Prozesse, die wir zuvor als Zuschreibungen beschrieben haben, vermitteln sich anfangs durch prozedurale Körpererfahrungen. Wir wissen, dass Eltern schon im Säuglingsalter anders mit Mädchen umgehen als mit Jungen. Dabei spielen körperliche Interaktionen, Berührungen, sinnliche Prozesse und Atmosphären eine große Rolle, für die Säuglinge in der Frühentwicklung noch keine Begriffe haben. Sie werden in das Körpergedächtnis eingeschrieben und bilden im Laufe der Zeit eine *sexuelle Kernidentität* bzw. den Kern des sexuellen Selbst.

Robert Stoller, der sich als einer der ersten mit dem Thema der Geschlechtsidentität beschäftigt hat, spricht von *Kerngeschlechtsidentität*[10]. Er nahm an, dass sich in den ersten beiden Lebensjahren ein basales Bewusstsein dafür entwickelt, ein Mann bzw. eine Frau zu sein, das dann kaum noch veränderbar ist. Er beschreibt damit das noch sprachlose Erleben, dem einen oder anderen Geschlecht anzugehören. Mit der Entwicklung der Sprache etwa mit 18 Monaten findet dieses Empfinden erstmals in Begriffen und Denkfiguren Ausdruck, d. h. es wird mentalisiert.

---

9 Bollas C (1987)
10 Stoller RJ (1968)

Geschlechterrollenidentität

In der Zeit der präödipalen Entwicklung im dritten und vierten Lebensjahr gewinnt der Geschlechtsunterschied an Bedeutung, und zwar insbesondere der Unterschied zwischen Vater und Mutter. Damit beginnt die geschlechtsspezifische Orientierung an den Anderen. Mit der präödipalen Triangulierung vollzieht der heterosexuelle Junge einen Wechsel seines bevorzugten Liebesobjektes und orientiert sich am Vater und am Verhalten der Mutter dem Vater gegenüber, während das heterosexuelle Mädchen bevorzugt an der Mutter und ihrem Umgang mit dem Vater orientiert bleibt. Auf diese Weise entsteht eine Grundeinstellung zum eigenen Geschlecht, die nun schrittweise auch begrifflich gefasst wird: Der Junge wird ein kleiner Mann nach dem Vorbild des Vaters, das Mädchen eine kleine Frau nach dem Vorbild der Mutter. Die Funktion des Vaters als triangulärer Dritter kann auch durch eine andere Person substituiert werden, die als Alternative zur Mutter erlebt und verwendet werden kann.

Durch Erfahrungen, die man nun »als Junge« oder »als Mädchen« mit den wichtigen Personen seiner Umgebung macht, wird die Kernidentität weiter ausdifferenziert. So entsteht eine Vorstellung über eigenes geschlechtsadäquates soziales Verhalten und über die dazu gehörigen Rollenerwartungen. Das Ergebnis dieser Mentalisierung ist die *Geschlechterrollenidentität*. Sie wird zum Bestandteil des Selbstbildes, d. h. der Selbstrepräsentanz als Junge oder Mädchen – also des sexuellen Selbst.

Sexuelle Orientierung

Mit der ödipalen Entwicklung im Vorschulalter wird die Geschlechtsidentität durch Identifizierungen mit den Eltern weiter ausdifferenziert. Sie wird nun zu einem dauerhaften Bestandteil des Identitätsgefühls. Das Ergebnis ist die *sexuelle Orientierung*. Man spricht auch von Objektwahlidentität oder Geschlechtspartnerorientierung. Sie ist anfangs noch auf beide Geschlechter gerichtet, d. h. »bisexuell«. Erst mit der Auflösung des Ödipuskomplexes wird sie auf *ein* Geschlecht ausgerichtet, indem das Begehren des nicht bevorzugten Geschlechts verdrängt wird.

Dabei tritt ein Unterschied zwischen einer heterosexuellen und einer homosexuellen Entwicklung in Erscheinung (▶ 5. Vorlesung). In der heterosexuellen Entwicklung steht die Identifizierung mit dem gleichgeschlechtlichen Elternteil und dessen (heterosexueller) Partnerwahl im Vordergrund. Der Junge identifiziert sich mit dem Vater, um nun als Mann eine Frau zu lieben, während sich das Mädchen mit der Mutter identifiziert und wie sie als Frau einen Mann begehrt. In der Pubertät wird diese Organisation stabilisiert.

Konstitutionelle Bisexualität als Disposition für die sexuelle Identität und Objektwahl

Nach der psychoanalytischen Entwicklungstheorie ist die Geschlechtsidentität von einer konstitutionellen Bisexualität geprägt. Sigmund Freud übernahm diese Idee unter dem Einfluss seines Freundes Wilhelm Fließ aus dem Darwinismus[11] (▶ Abb. 1.1). Man kann seine Triebtheorie nur vor dem Hintergrund der Annahme verstehen, dass die psychosexuelle Konstitution grundsätzlich zweigeschlechtlich angelegt ist. Dabei ging es ihm nicht um die biologisch-körperliche Bisexualität, wie wir sie bei der Intersexualität finden (▶ 4. Vorlesung), sondern um die psychische. Er betrachtete sie als eine psychische Organisation.

Er ging davon aus, dass jeder Mensch

- im Unbewussten die Vorstellung hat, im Besitz beider Geschlechtsorgane zu sein,
- Anlagen für männliches und weibliches Verhalten in sich trägt,
- aktive und passive Wünsche gegenüber seinen Liebesobjekten hat,
- eine Bereitschaft hat, sowohl heterosexuell als auch homosexuell zu reagieren, d. h. männliche und weibliche Liebesobjekte zu begehren.

Die Entwicklung der Geschlechtsidentität war für ihn ein Prozess der Auseinandersetzung mit dieser konstitutionellen Bisexualität. Ich verstehe diesen Ansatz so, dass Freud von zwei Polen ausging und das Entwick-

---

11 Darwin C (1871)

Abb. 1.1: Sigmund Freud und Wilhelm Fließ um 1890. Freud übernahm von Fließ die Idee einer psychischen Bisexualität (© akg-images).

lungsziel darin sah, dass einer der beiden Pole verdrängt und der andere weiterentwickelt wird. Marksteine sind für ihn dabei die Wahrnehmung des Geschlechtsunterschiedes zwischen Jungen und Mädchen bzw. zwischen Mutter und Vater, die Identifikationsprozesse im Zusammenhang mit der präödipalen Triangulierung[12] sowie die Verdrängungsprozesse bei der Lösung des Ödipuskomplexes.

Daraus ergibt sich, dass jeder Mensch sein definitives Geschlecht bzw. seine endgültige sexuelle Identität im Laufe seiner Entwicklung erst ausformen muss. Anders ausgedrückt: dass das endgültige Geschlecht sich aus der zweigeschlechtlichen Disposition heraus entwickelt. Das geschieht durch Verdrängung einer der beiden Komponenten, der männlichen oder

---

12 Unter Triangulierung versteht man die Loslösung aus der Dyade mit der Mutter durch Hinwendung zu einem Dritten, im Allgemeinen zum Vater als zweites Liebesobjekt (vgl. Abelin E, 1971; Ermann M, 1985). Sie gilt als Entwicklungsposition vor dem Ödipuskomplex.

der weiblichen, oder indem man beide Komponenten in sich bestehen lässt und in seine sexuelle Identität aufnimmt.

In der heterosexuellen Entwicklung wird die homosexuelle Orientierung verdrängt, in der homosexuellen die heterosexuelle. Diese Verdrängungen sind aber nicht unbedingt vollständig. Das bedeutet, dass die sexuelle Orientierung und die verschiedenen Einstellungen in der definitiven Sexualität graduell sind und in einem Spektrum zwischen dem gleichgeschlechtlichen und dem gegengeschlechtlichen bzw. zwischen dem männlichen und dem weiblichen Pol gedacht werden können.

Dabei muss beim heutigen Stand unseres Wissens offenbleiben, ob und in welchem Ausmaß bei dieser Entwicklung eine psychosexuelle Konstitution eine Rolle spielt, also ein Geheimnisvolles, das wir mit der Geburt mitbringen. Warum werden bei der Lösung des Ödipuskomplexes im Falle der Heterosexualität die homosexuellen Anteile verdrängt, bei der homosexuellen Entwicklung die heterosexuellen und warum findet bei der psychischen Bisexualität offenbar eine unvollständige Verdrängung statt? Wir wissen es nicht. Auch Freud hatte dafür keine Antwort. Er stellte lediglich fest, dass sich die Frage der Objektwahl weder mit der Annahme, sie sei angeboren, noch mit der, sie sei erworben, zufriedenstellend klären lässt[13].

Offensichtlich sind die Verdrängungen und Identifikationen nicht so vollständig und nicht so dauerhaft, dass endgültige und eindeutige Festlegungen entstehen. Die verbleibenden Identifikationen zeigen sich im späteren Umgang mit den Liebesobjekten. Beim heterosexuellen Jungen zum Beispiel zeigt sich in der Objektwahl der Frau als Liebesobjekt die Verdrängung der Homosexualität in der Beziehung zum Vater; in der Art, *wie* er liebt, jedoch die Restidentifikation mit ihm: Er liebt Frauen wie der Vater sie liebt.

Es ist daher anzunehmen, dass die sexuelle Identität und die Objektwahl in aktuellen Kontexten ständig neu verhandelt werden können. Das führt zu immer neuen Lösungen. Anders gesagt, Geschlechterrollenidentität und Objektwahl sind nicht zwangsläufig eindeutig und endgültig. Sie sind kontextabhängig und werden in Beziehungen beständig neu ausgehandelt.

---

13 Freud S (1905), S. 23–36

Die präödipale Entwicklung und die Weichenstellung im Ödipuskomplex lassen für das Rollenverständnis (»aktiv« versus »passiv«) und die sexuelle Orientierung (heterosexuell versus gleichgeschlechtlich) mehr Raum als man bisher angenommen hatte. Unabhängig davon scheinen auch sexuelle Präferenzschemata zum Tragen zu kommen, die in der psychosexuellen Konstitution mitgebracht werden. Dabei nimmt die Entwicklung bei (heterosexuellen) Mädchen und Jungen unterschiedliche Wege[14]:

- *Mädchen* lösen sich unter dem Einfluss der Triangulierung von der Mutter und wählen den Vater zum neuen Liebesobjekt. Sie bleiben aber mit der Mutter identifiziert und lieben den Vater nun wie die Mutter es tut.
- *Jungen* gelangen durch die Triangulierung ebenfalls in den Bann des Vaters. Im nachfolgenden Ödipuskomplex bleiben sie mit ihm identifiziert, um dann nach seinem Vorbild Frauen als Liebesobjekt zu wählen.

Je nachdem, ob bei der Objektwahl die präödipalen oder die ödipalen Anteile überwiegen, kommt eine mehr aktiv-werbende oder eine mehr passiv-hingebungsvolle Einstellung zum Tragen. Aber auch durch intersubjektive Prozesse – »Verführungen« im Sinne von Laplanche[15] – werden diese Prozesse angeregt und gefördert. Sie entscheiden mit darüber, ob und in welchem Ausmaß der gleich- oder andersgeschlechtliche Anteil der Bisexualität aktiv bleibt bzw. verdrängt wird.

Von der binären zur multiplen Geschlechterordnung

Es war über lange Zeit selbstverständlich und blieb unhinterfragt, dass jedes biologisch gesunde Individuum eindeutig und dauerhaft dem weiblichen oder dem männlichen Geschlecht zugeordnet werden könne. Die *binäre Geschlechtertrennung* war eine feste Größe im Denken des Abendlandes. Sie beginnt sich erst in den letzten Jahren im kollektiven

---

14 zur homosexuellen Entwicklung ▶ 5. Vorlesung
15 ▶ »Der Ursprung der Sexualität« in dieser Vorlesung

Bewusstsein zu verändern. Binär steht dabei für »zweiteilig« und reduziert die Geschlechtsidentität auf nur zwei Möglichkeiten: männlich oder weiblich. Sie war mit bestimmten Annahmen über geschlechtsadäquate Einstellungen und Verhaltensweisen verknüpft. Dabei galt Aktivität als männlich, Passivität als weiblich. Diese Annahmen entfalteten im Sozialisationsprozess der einzelnen Menschen ihre Wirkung. So entstand die Polarität zwischen weiblich und männlich, passiv und aktiv, die das individuelle Erleben und das gesellschaftliche Denken bis zum Beginn des 20. Jahrhunderts beherrscht hat.

Dabei blieb Sigmund Freuds kühne Annahme eines »psychischen Hermaphroditismus«[16] ohne wesentlichen Einfluss. Wie zuvor dargestellt, ging er von einer konstitutionellen Bisexualität aus, in der »männliche und weibliche Charaktere sich vereinigen, so dass die reine Männlichkeit und Weiblichkeit theoretische Konstruktionen sind«[17]. Mit dieser Idee hätte das Verständnis der sexuellen Identität bereits vor über 100 Jahren eine Erneuerung erfahren können. Dass das nicht geschah, dürfte vor allem am Phallozentrismus, d.h. an der Männlichkeitsorientierung gelegen haben, unter der die Psychoanalyse angetreten war und sich entwickelte. Sie blieb mit Konzepten wie Kastrationsangst, Penisneid, weiblichem Masochismus und passiv-femininer Einstellung der binären Geschlechterordnung des 19. Jahrhunderts verbunden. Dass manche Menschen sich zwischen den beiden Polen erleben, wurde dabei als Absonderlichkeit betrachtet und nicht genauer beachtet.

Doch mit der Frauenbewegung und dem Feminismus kam es im 20. Jahrhundert Schritt für Schritt zu einer Entwicklung, die man als *Befreiung vom normativen Heterosexismus* bezeichnen kann. Die Verhaltensstereotype für weiblich und männlich wurden in Frage gestellt, Abgrenzungen und Ausgrenzungen begannen sich aufzulösen. Nun wagten sich auch Minderheiten und Menschen mit einer nicht-binären Geschlechtlichkeit an die Öffentlichkeit.

Unter diesem Einfluss gerieten traditionelle Vorstellungen über Geschlechterrollen und das Geschlechterverhältnis ins Wanken und gaben einem erweiterten Begriff der Geschlechtsidentität Raum. Darin fanden

---

16 Freud S (1905), S. 44
17 Freud S (1925), S. 347

nun die vielfältigen subjektiven Erlebnisweisen des Geschlechtlichen ihren Platz. Männlichkeit und Weiblichkeit wurden nicht mehr eindeutig festgelegt und voneinander getrennt. Das Geschlechtserleben wurde zur »individuellen Schöpfung«[18].

Heute gilt die Geschlechtsidentität als ein Gefäß, »in dem die verschiedensten bewussten und unbewussten Aspekte von Männlichkeit und Weiblichkeit auf den unterschiedlichsten sozialen, psychischen und somatischen Dimensionen in je individuellen Mischungsverhältnissen aufbewahrt sind«[19]. Männlichkeit und Weiblichkeit scheinen nun »in komplementärer Weise in unterschiedlichen Mischungsverhältnissen in jedem und jeder Einzelnen denkbar« (ebd.). Damit verschiebt sich der Fokus der Betrachtung auf den Plural: auf individuelle Geschlechtsidentitäten.

Konkret bedeutet das, dass wir als Männer und als Frauen in uns sowohl Erlebnis- und Verhaltensweisen tragen, die man traditionell dem weiblichen Pol zugeordnet hat, als auch solche, die traditionell als männlich galten. Eine »richtige« Frau darf heute auch kämpferisch sein, ebenso wie ein »richtiger« Mann auch Fürsorge zeigen darf. Er darf rezeptiv sein und sich hingeben, so wie sie auch kämpfen, erobern und eindringen darf. Das hat Sigmund Freud gemeint, als er vom psychischen Hermaphroditismus sprach, ebenso wie Carl-Gustav Jung mit den Archetypen der Anima im Mann und des Animus in der Frau.[20]

Heute, im 21. Jahrhundert, sind wir auf dem Wege anzuerkennen, dass die traditionellen Kategorien für männlich *oder* weiblich überholt sind. Wir erkennen inzwischen an, dass die Zuordnung zu einem von zwei alternativen Geschlechtern nicht ausreicht. Inzwischen ist es auch sozial und juristisch anerkannt, dass die Zugehörigkeit zum Geburtsgeschlecht nicht eine Konstante im Leben darstellt, sondern verändert werden kann. Unter dem Begriff »divers« wurde inzwischen eine dritte Kategorie geschaffen, die bei der Intersexualität, d.h. bei unklarer körperlicher Ausstattung zum Tragen kommt. Als Fazit dieser Gedanken ergibt sich, dass die individuelle Geschlechtsidentität ein *lebenslanger intersubjektiver Prozess* ist. Er unterliegt vielfältigen Einflüssen und Wandlungen. Intersubjektiv

---

18 Chodorow N (2001)
19 Quindeau I (2008), S. 96
20 Jung CG (1976)

bedeutet dabei, dass das Ergebnis vom Kontext der jeweiligen Beziehung abhängig ist und zwischen den Beteiligten ausgehandelt wird. Am Anfang stehen die psychosexuelle Konstitution, die Spiegelungs- und Körpererfahrungen, die wir in unseren frühen Beziehungen machen. Sie formen die psychosexuelle Kernidentität. Diese wird im Kontakt mit Anderen immer wieder neu entworfen und gibt immer neuen Formen des sexuellen Erlebens und Verhaltens Raum. Die Frage nach der sexuellen Identität heißt demnach: Wer bin ich und wie erlebe ich meine individuelle Geschlechtlichkeit zu diesem Zeitpunkt meines Lebens und in dieser Beziehung?

Geschlechterrollen

Die bisherigen Überlegungen haben verständlich gemacht, dass die Überzeugung, Frau bzw. Mann zu sein, eng mit den kulturellen und gesellschaftlichen Vorgaben korrespondiert, wie eine Frau bzw. wie ein Mann sein soll. Diese Vorgaben werden als *Geschlechterrollen* bezeichnet. Typisch dafür sind Aussagen wie »Frauen sind technisch unbegabt. Sie können nicht Auto fahren und nicht einparken«. »Männer können von Natur aus nicht kochen«. Mit der Trennung von Sex und Gender wird solchen Argumenten die Grundlage entzogen.

Trotzdem gibt es Vorannahmen, die als Geschlechterrollen tief in das gesellschaftliche Unbewusste eingegraben sind. Sie gehen vom biologischen Geschlecht aus und konnotieren es mit bestimmten Zuschreibungen. Dabei handelt es sich um kulturell tradierte Verhaltensstereotype. So gelten in einer Kultur bestimmte Merkmale als typisch weiblich, andere als typisch männlich. Diese Stereotype lassen sich in wissenschaftlichen Studien belegen. In unserem Kulturkreis gelten nach neueren Untersuchungen[21] im Allgemeinen die folgenden Vorstellungen:

- *Männern* wird ein hohes Maß an Handlungsorientierung zugeschrieben, gekennzeichnet durch Merkmale wie Kompetenz, Dominanz und Entscheidungsfreude,

---

21 Steffens MC & Ebert ID (2016)

- *Frauen* dagegen gelten als besonders gemeinschaftsorientiert. Ihre Einstellungen sind danach gekennzeichnet durch Merkmale wie Hilfsbereitschaft, Einfühlsamkeit und Rücksichtnahme.

Diese Vorstellungen sind Inhalte der Zuweisungen, von denen ich zuvor gesprochen habe. Sie werden insbesondere über die Erziehung vermittelt und gehen in die Geschlechtsidentität mit ein. So wissen Kinder schon sehr früh, welche Merkmale als »männlich« und welche als »weiblich« angesehen werden, bzw. welches Verhalten vor diesem Hintergrund als abweichend gilt. Allerdings greift die Vorstellung zu kurz, dass Kinder im Sozialisationsprozess nur passiv identifiziert werden, d.h. dass sie Rollen nur zugewiesen bekommen. Vielmehr wissen wir heute[22], dass Kinder einen aktiven Beitrag bei der Interpretation ihrer Geschlechterrolle leisten. Sobald sie die vermeintliche Unveränderlichkeit ihrer Geschlechtszugehörigkeit anerkannt haben, streben sie danach, sich den Konventionen für ihr Geschlecht entsprechend zu verhalten. Erst als Jugendliche beginnen sie, sich wieder mehr davon frei zu machen.

Bei der Vermittlung von Geschlechterrollen kommen verschiedene Prozesse zum Tragen: Auf der manifesten Ebene sind das Bekräftigung und Missbilligung je nachdem, ob ein Verhalten als geschlechtskonform gilt oder nicht. Auf der innerpsychischen Ebene geht es um Nachahmung und Übernahme von Eigenschaften, Merkmalen und vorgelebten Verhaltensweisen. Dabei spielen Identifikationen im Rahmen der intensiven gefühlsmäßigen Beziehungen und Bindungen, insbesondere an die Eltern, eine Rolle. Aus psychoanalytischer Sicht unterscheidet man dabei sehr basale Imitationen von Verhaltensweisen in den vulnerablen Frühphasen der Entwicklung von reiferen Identifikationen mit Eigenschaften und Wesenszügen im Rahmen der ödipalen Entwicklung.

Für ein intersubjektives Verständnis sind die zirkulären Prozesse zwischen Kind und Eltern von entscheidender Bedeutung. Dabei kann ein häufiger Konflikt zwischen Zuweisung und Neigung auftreten. Dazu ein fiktives Beispiel. Es zeigt, wie Spannungen entstehen, wenn das subjektive Selbsterleben und die gesellschaftlichen und familiären Erwartungen nicht

---

22 Kohlberg J (1974)

zusammenpassen. Daraus können sexuelle oder andere psychische Störungen entstehen.

Der kleine Frank und sein Vater

Zwischen einem Vater und seinem kleinen Sohn Frank entwickelt sich ein Konflikt, weil der Bub seine Erwartungen und Zuschreibungen über männliches Geschlechtsverhalten nicht erfüllt. Vater vertritt die Meinung: »Ein Junge spielt mit Autos...«, und will ihn für sein Hobby, den Fußball begeistern. Frank versucht nun, ein »richtiger« Bub zu sein. Aber viel lieber, als mit Autos zu spielen und mit Vater sonntags zum Fußball zu gehen, ist er bei Mama in der Küche und spielt Koch. In seiner Enttäuschung sieht der Vater in ihm nun ein »verkapptes Mädchen« und wendet sein Interesse ab.

Aus der Vorstellung des Vaters, wie ein »richtiger« Junge sein sollte, und den Neigungen von Frank entsteht nun ein Teufelskreis von immer neuen Enttäuschungen des Vaters und »Versagen« des Buben, der schließlich in Zurückweisung und Feindseligkeit mündet. Am Ende bewirkt das konflikthafte Verhältnis zwischen Vater und Sohn ein zwiespältiges Identitätserleben von Frank als Mann, das bis in sein Erwachsenenalter hineinwirkt. Er bleibt Frauen gegenüber unsicher, fühlt sich nicht gut als Mann und entwickelt schließlich eine Impotenz. Das Ergebnis ist eine weitgehend unbewusste Sehnsucht nach einem Mann, der ihn als *den* Mann anerkennt und bestätigt, der er mit seinen Neigungen sein kann.

Sexualität von Frauen und von Männern

Wenn die Geschlechtsidentität so stark von kulturellen, gesellschaftlichen und familiären Vorgaben geprägt wird, wie es heute gesehen wird, dann ist es legitim zu fragen: Gibt es überhaupt so etwas wie eine weibliche und eine männliche Sexualität? Ist es überhaupt berechtigt, entlang der anatomischen Merkmale eine grundsätzliche Unterscheidung zwischen dem männlichen und dem weiblichen sexuellen Erleben und Verhalten zu treffen, oder folgt man damit nicht Vorurteilen, welche die Geschlechtlichkeit auf die Biologie reduzieren?

Wie wir gesehen haben, gilt Weiblichkeit als passiv, rezeptiv und hingebungsvoll, partnerbezogen und sanft, während Männlichkeit als aktiv, besitzergreifend und intrusiv, aggressiv, rücksichtslos und selbstbezogen gilt. Diesen Stereotypien sind wir in der Sozialisation und im Prozess unserer Identitätsbildung ausgesetzt. Aber Männer wehren sich heute zu Recht dagegen, wenn man ihre Sexualität als grundsätzlich aggressiv und selbstbezogen betrachtet, und umgekehrt wehren Frauen sich, auf ein grundsätzlich passives Begehren festgelegt zu werden.

Es ist viel überzeugender anzunehmen, dass aktives und passives, hingebungsvolles und besitzergreifendes sexuelles Verlangen und Verhalten grundsätzlich bei beiden Geschlechtern vorkommt und die »normgerechte« Ausrichtung im Verlauf unserer Sozialisation erst unter dem Einfluss des traditionellen Frauen- bzw. Männerbildes zu Stande kommt. Die soziokulturell geprägten Geschlechterrollenvorgaben und das subjektive Begehren und Verhalten sind nicht regelhaft binär miteinander verknüpft. Beide Dimensionen des Sexuellen – Sex und Gender – beschreiben Spektren mit fließenden Übergängen zwischen weiblich und männlich.[23] Die traditionellen Bezeichnungen »passiv-feminin« und »aktiv-maskulin« für zwei strikt getrennte sexuelle Einstellungen führen daher in die Irre.

Die Ausgestaltung in der konkreten sexuellen Begegnung wird zwischen den Beteiligten intersubjektiv, d.h. durch das Zusammenspiel der individuellen Selbstdefinition und der Beziehungsrepräsentanzen, der Phantasien und Wünsche ausgehandelt. So wird es verständlich, dass die Art des Begehrens in verschiedenen Beziehungen unterschiedlich sein kann und sich über die Zeit auch verändert.

Ein aktiv-intrusives sexuelles Verhalten kann bei Frauen ebenso vorkommen wie ein passiv-rezeptives bei Männern. Wir werden in der ▶ 3. Vorlesung sehen, dass viele psychogene Sexualstörungen in einer Ablehnung der passenden Position zwischen diesen Polen wurzeln. In vielen Fällen wird die Art des Begehrens Spannungen erzeugen, weil es nicht mit den anerkannten Vorgaben für männlich oder weiblich übereinstimmt. Es wird in diesen Fällen ein Behandlungsziel sein, das Sexuelle von Zu-

---

23 Quindeau I (2008)

schreibungen und Vorannahmen in Hinblick auf vermeintlich weibliche und vermeintlich männliche Rollen zu befreien und zu einer individuell passenden Einstellung zu gelangen.

Funktionen der Sexualität: Fortpflanzung, Lust, Beziehungsgestaltung

Sexualität hat mehrere Funktionen: die der Fortpflanzung, die der Lust und die der Beziehungsgestaltung. Diese Funktionen sind in unserer aufgeklärten Gesellschaft nicht unbedingt aneinander gebunden.

Die Fortpflanzungsfunktion

Aus der Sicht der Biologie und der Evolution dient die Sexualität der Fortpflanzung und der Arterhaltung. Das setzt voraus, dass es biologisch und genetisch zwei unterschiedliche Geschlechter gibt, die sich in der Sexualität begegnen und bei deren Vereinigung es zu einer Befruchtung kommt, durch die Nachkömmlinge gezeugt werden; damit wird die Zukunft der Art gesichert und der Endlichkeit ein Neuanfang und ein Überleben entgegengesetzt. Durch den Austausch und die Neukombination von Erbgut dient die Sexualität im erbbiologischen Sinne auch der Veränderung und der Verbesserung der Überlebenschancen der Art.

Sexualität ist auf dieser Ebene Lebens- und Arterhalt. Das ist gemeint, wenn Sigmund Freud in seiner letzten Triebtheorie[24] die Sexualität dem *Eros* zuordnet und von Lebenstrieben als Gegenspieler des Todestriebes, Thanatos, spricht.

Solange die Fortpflanzung als Ziel der Sexualität dient, ist sie an mehrere Voraussetzungen gebunden:

---

24 Freud S (1920)

- Das sexuelle Begehren und die sexuellen Handlungen entstehen zwischen Partnern, die unterschiedliche Geschlechter haben. Sie müssen also biologisch und genotypisch männlich und weiblich sein.
- Das Begehren muss sich auf das andere als das eigene Geschlecht richten.
- Die Geschlechtspartner müssen fortpflanzungsfähig sein.

Fortpflanzungsfähigkeit ist bekanntlich von der Pubertät an gegeben und dauert bei Frauen bis zur Menopause, bei Männern bis ins höhere Alter. Die modernen Kontrazeptiva einerseits und die Reproduktionsmedizin andererseits haben diese Grenzen verschoben und praktisch im Alltag zu einer Entkopplung von Sexualität und Fortpflanzung geführt.

Zu den Merkmalen der menschlichen Sexualität gehört es, dass sie nicht unbedingt an die Fortpflanzung gebunden sein muss. So ist im westlichen Denken eine Ablösung des sexuellen Verhaltens von der Fortpflanzungsfunktion entstanden. Sie wurde – wahrscheinlich wegen unterschiedlicher religiöser Bindungen – im Norden Europas eher realisiert als im Süden. Als 1960 die erste »Antibaby-Pille« für Frauen verordnet wurde, war das ein Meilenstein dieser Entwicklung. Dabei kann Sexualität jenseits der Fortpflanzungsfunktion auch zwischen gleichgeschlechtlichen Partnern geschehen. Bisweilen findet sie auch mit Lebewesen einer anderen Art statt, z. B. bei der Sodomie, oder auch ganz ohne ein lebendes Objekt, so bei manchen Formen des Fetischismus.

Die Lustfunktion

Unser sexuelles Begehren und das Sexualverhalten haben das unmittelbare Ziel, im Orgasmus einen Zustand höchster Lust und Befriedigung zu erreichen. Dieser Prozess ist zwar teilweise instinktgesteuert, er unterliegt aber auch unserer bewussten Kontrolle und Steuerung. Hier spielt die Sexualmoral eine bedeutende Rolle. Sie ist durch die christliche Tradition, durch gesellschaftliche Werte und durch die individuelle Erziehung tief in die Seele vieler unserer Patienten und wahrscheinlich auch von uns selbst eingebrannt. Wenn wir die darin enthaltenen Normen und Verbote nicht hinreichend beachten, können daraus Schuldgefühle entstehen. Aus der

Spannung zwischen Begehren, Moral und Schuldgefühl entstehen schwerwiegende Sexualstörungen.

Ein bedeutendes Ergebnis des abendländischen Kulturprozesses besteht in der Lockerung der Sexualmoral, die sich im Laufe der Jahrhunderte entwickelt hat. Bis zur Neuzeit herrschte bei uns eine repressive Sexualmoral. Sie schrieb unter dem Einfluss der christlichen Kirchen die Beschränkung des Geschlechtsverkehrs auf die Ehe vor. Erst in den letzten Jahrzehnten verlor diese Moralvorstellung an Macht.

Die Änderungen der gesellschaftlichen Sexualmoral und der Einstellung zur Sexualität haben natürlich bedeutende Folgen für das Erleben der Geschlechtsidentität und der Geschlechterrollen. Das Erleben von männlich und weiblich beginnt, sich schrittweise anzugleichen. Die Polarisierungen lösen sich auf. Wie wir bereits gesehen haben, lässt sich nicht mehr unbedingt aus dem Sexualverhalten ableiten, was männlich ist und was weiblich. Inzwischen steht sogar die Bindung des sozialen an das biologische Geschlecht zur Disposition.

Die Beziehungsfunktion: Sexualität und Liebe

Liebe ist eine tiefe Zuneigung und innige Verbundenheit mit einer vertrauten Person. Sie drückt sich durch den Wunsch nach gegenseitiger Zuwendung aus mit dem Ziel, andere zu erlangen und sich mit ihr oder ihm zu vereinigen. Zumeist ist Liebe mit einer sinnlichen Anziehung verbunden, der Erotik, und mit einem Verlangen nach körperlichem Kontakt und Vereinigung, dem Begehren.

Insofern hat die Sexualität eine Beziehungsfunktion. Sie ist ein bedeutender Motor für Kontakt und führt zu Bindungen. Durch Liebe und Erotik werden Beziehungen gestiftet und gestaltet. Dabei geht es um viel mehr als um die Befriedigung des sexuellen Verlangens. Werben und Bewunderung, das Vorspiel, der sexuelle Akt und das Nachspiel schaffen einen Intimraum, der andere im Allgemeinen ausschließt. Dadurch grenzt das Paar sich in der Sexualität ab und schafft eine gemeinsame Außengrenze. Auf diese Weise werden – neben den explizit sexuellen – implizit auch andere Grundbedürfnisse befriedigt: Bedürfnisse nach Anerkennung, Sicherheit, Geborgenheit und Nähe.

In der erotischen Liebe kommen zwei Tendenzen zusammen: das Bedürfnis nach Verbundenheit und Verschmelzung und das Streben nach Selbst-Erleben. Beide Bedürfnisse wirken zusammen und erzeugen die lustvolle Spannung, von der das sexuelle Begehren getragen wird. In der Liebe und der Sexualität äußern sich Sehnsüchte nach Verschmelzung und dem verlorenen Paradies der frühen Kindheit. Indem die Verschmelzung nun aber mit neuen Partnern stattfindet, macht sie frei von kindlichen Bindungen und stärkt die Autonomie.

Psychoanalytisch betrachtet, erfüllt die Sexualität damit auch regressive präsexuelle Bedürfnisse. Darin werden Erlebnisweisen der frühen Mutter-Kind-Beziehung wiederbelebt. Bei manchen Menschen werden diese Bedürfnisse so beherrschend, dass das eigentlich Sexuelle an der Sexualität in den Hintergrund tritt. Wir kennen das aus schwierigen Paarbeziehungen, in denen eine präödipale Mutterbeziehung aktualisiert wird und den erotischen Kontakt zur Partnerin oder zum Partner beherrscht und lähmt.

Sexualitäten

Deutlicher als früher erscheint die Sexualität heute in vielen Spielformen – oder diese werden zumindest offener dargestellt und gezeigt. Sie unterscheidet sich von Individuum zu Individuum. Sie formt sich entlang der Entwicklungsbedingungen im Rahmen der Erziehung und der Beziehungserfahrungen und verändert sich mit den Reifungsprozessen im Lebenslauf. Im westlichen Kulturkreis haben sich die Erscheinungsformen vervielfältigt und die Bewertungen gewandelt. »Die Sexualität« gibt es nicht mehr.

So ist es auch zu verstehen, dass wir heute immer häufiger von »den Sexualitäten« sprechen. Damit erkennen wir die Vielfalt der Erscheinungsweisen an. Wie schon zu Anfang dieser Vorlesung festgestellt, bezeichnen wir das Gemeinsame, das allen Sexualitäten unabhängig von ihrer individuellen Organisation zu Grunde liegt, mit Fritz Morgenthaler[25] als »das Sexuelle«. Damit beschreiben wir das triebhafte Begehren, das zur Befriedigung drängt.

Chronologisch betrachtet, entstanden die Befreiung und die Vervielfältigung der Sexualität aus der Freizügigkeit in den 1920er Jahren. Sie war als Reaktion auf die Tragödie des Ersten Weltkrieges aus einer antiautoritären und antitraditionalistischen Motivation heraus entstanden, sicher nicht ohne Zutun der sexualfreundlichen Theorien der Psychoanalyse seit Freuds *Drei Abhandlungen zur Sexualtheorie* von 1905. Auch die erste Frauenbewegung hatte daran ihren Anteil. Dem gegenüber war die zweckorientierte Sex-Freundlichkeit der Nazis (ebenso wie ihre homophobe Verfolgungspolitik) ihrer hasserfüllten völkischen Fortpflanzungsideologie geschuldet.

Das Nachkriegs-Westdeutschland war danach wieder auf die konservativ-christliche Moral ausgerichtet. Erst die 1968er Studentenbewegung hat mit der Wiederbelebung und Radikalisierung der emanzipatorischen und liberalen Entwicklungen zur Befreiung der Sexualität in unseren Tagen beigetragen.[26] Sie hat den repressiven Charakter der damaligen Sexualmoral offengelegt und die Sexualität in den Dienst der antiautoritären Bewegung gestellt.

Der neue Umgang mit der Sexualität war ein Angriff auf die bürgerlich-kapitalistisch geprägte Nachkriegsgesellschaft. Dabei setzte die 68er Generation die sexuelle Freiheit mit politischer Emanzipation gleich. Das Ideal war die von Wilhelm Reich[27] propagierte »reine« Sexualität, d. h. eine Sexualität ohne gesellschaftliche Zwänge und jenseits der Reproduktion. Sie sollte die bürgerliche Welt zum Zusammensturz bringen.

Damit verbunden war zwangsläufig, dass die tradierte Verknüpfung von Sexualität und Fortpflanzung aufgebrochen wurde. Die 68er strebten danach, Sex nur noch in der Funktion zu leben, Lust zu erzeugen und zu befriedigen. Das beflügelte vor allem die Emanzipation der Frauen, die zu einer bis dahin kaum vorstellbaren sexuellen Freiheit gelangten. Es entstanden eine Neubestimmung des Verhältnisses der Geschlechter zuein-

---

25 Morgenthaler F (1984)
26 Schmidt G (2000)
27 Reich W (1925)

ander und ein neuer Sittenkodex. Damit wurde eine neue gesellschaftliche Sexualmoral geschaffen. Die überkommenen Normen des Sexualverhaltens wurden in Frage gestellt und neu geschrieben. Fortan waren die traditionellen Begrenzungen des sexuellen Verhaltens auf Sexualorgane, gegengeschlechtliche Partner und dauerhafte oder eheliche Beziehungen außer Kraft gesetzt. Die bürgerliche Ehe wurde durch neue Partnerschaftsmodelle ergänzt. Nach und nach wurden auch die Rechtsnormen der veränderten Realität angepasst.

Als konsequenter weiterer Schritt wurde Ende des 20. Jahrhunderts in vielen aufgeklärten Ländern des Westens die Akzeptanz und Legalisierung von sexuellen Orientierungen und Praktiken vollzogen, die von den sexuellen Präferenzen der Mehrheit abweichen. Bekannt ist vor allem der langdauernde Kampf der sexuellen Minderheiten um Anerkennung ihrer Lebensformen. Er wurde nach den Stonewall-Attacken von 1969 von den US-amerikanischen Homosexuellen und ihrer Gay Liberation Bewegung begonnen. Inzwischen hat er zu einer breiten Front von Queer-Initiativen[28] geführt, die für die Rechte von Minderheiten wie Trans*Menschen, Intersexuelle und andere kämpfen und gesellschaftlich anerkannt oder zumindest geduldet werden.

Diese Entwicklung sollte aber nicht darüber hinwegtäuschen, dass eine von der Mehrheit abweichende Sexualität in vielen Ländern nach wie vor diffamiert wird. Sie gilt dort weiterhin als abnorm, krankhaft, pervers und verbrecherisch. Wer seine Sexualität außerhalb einer gegengeschlechtlichen, zumal ehelichen Beziehung praktiziert, wird diffamiert, verfolgt oder bestraft. Das gilt z. B. in islamischen Ländern, wo Homosexualität und Sodomie noch immer mit dem Tod bestraft werden. Mit der neuen Islamisierung vieler afrikanischer und arabischer Länder breitet diese Praxis sich sogar weiter aus. Selbst der europäische Liberalismus wird durch populistische und neofaschistische Entwicklungen in den letzten Jahren in manchen Ländern Europas auf die Probe gestellt.

---

28 Der Begriff »queer« [engl.] bedeutete ursprünglich »eigenartig« oder »merkwürdig«.

> **Kasten 2: Hintergründe der sexuellen Umwälzungen im 20. Jahrhundert**
>
> - Der Abschied von der patriarchalen, männerorientierten Gesellschaftsordnung
> - Das Verblassen der Macht des autoritären Denkens und der Bereitschaft zur Unterordnung
> - Der Einfluss der Psychoanalyse und ihrer emanzipatorischen Ideen
> - Der Rückzug auf das Individuum nach den beiden Weltkriegen bzw. nach dem Desaster des Nationalsozialismus
> - Das Aufkommen des Feminismus und der Emanzipationskampf der Frauen
> - Die Gay Liberation Bewegung und der Kampf um Anerkennung sexueller Minderheiten

Zusammengefasst kann man sagen: Mehrheitlich hat die westliche Gesellschaft die Sexualität als Ressource für die persönliche Autonomie und für die eigenverantwortliche Gestaltung von Beziehungen anerkannt. Damit entfällt dort auch die Bindung an den Verkehr mit dem anderen Geschlecht in ehelicher Beziehung als einzige gesellschaftlich legitimierte sexuelle Lebensform. An erster Stelle dient sie heute bei uns der Lustfunktion, d. h. der Befriedigung von sexuellem Verlangen. Die Wahl der sexuellen Praktiken, der Sexualobjekte und der Ziele ist dabei der Entscheidung des Einzelnen überlassen. Grenzen der sexuellen Selbstbestimmung sind lediglich dadurch gegeben, dass Einverständnis zwischen den Sexualpartnern besteht und Dritte nicht geschädigt werden.

Wenn wir die vielen Identitäten betonen wollen, die sich daraus ergeben, sprechen wir von *Neosexualitäten*. Diese Bezeichnung geht auf Joyce McDougall [29] zurück. Sie wollte unter therapeutischen Gesichtspunkten sexuelle Abweichungen entpathologisieren und vom tradierten Konzept der Perversion als Störung der Triebentwicklung ablösen. Sie sah darin kreative Lösungen im Dienst einer Selbstheilung und des psychischen

---

29 McDougall J (1985), dort: Die Urszene und das perverse Szenarium

Überlebens. Volkmar Sigusch hat den Begriff aufgenommen, als er 1998 von einer »neosexuellen Revolution« gesprochen hat[30], um die Entdämonisierung abweichender Sexualitäten zu beschreiben[31].

Kasten 3: Sexualitäten und sexuelle Lebensformen[32]

- **Asexualität:** Fehlen des sexuellen Verlangens und Desinteresse an Sex mit anderen als Lebensform, d. h. ohne dass dabei Leidensdruck entsteht (im Unterschied zur *Alibidinie* bzw. sexuellen Appetenzstörung, die ein Symptom im Rahmen einer psychogenen Sexualstörung darstellt).
- **Bisexualität:** Sexuelle Orientierung, bei der heterosexuelle und homosexuelle Neigungen nebeneinander bestehen, bei einem eindeutigen biologischen Geschlecht. Zumeist besteht auch eine eindeutige Geschlechtsidentität als Frau oder als Mann. Aber auch transidente Menschen können bisexuell empfinden, d. h. sich von Frauen und von Männern angezogen fühlen. Dann spricht man auch von *Bigender*. Von der manifesten *psychischen Bisexualität* zu unterscheiden ist das psychoanalytische Konzept einer *konstitutionellen Bisexualität*. Dabei handelt es sich um ein theoretisches Konstrukt, auf dem Sigmund Freud seine Triebtheorie aufgebaut hat (▶ 2. Vorlesung). Zu unterscheiden ist ebenso die *biologische Bisexualität*, die bei Intersexuellen vorkommt.
- **Heterosexualität:** Die in unserer Gesellschaft am meisten verbreitete Form der Geschlechtlichkeit, bei der Männer und Frauen sich gegenseitig begehren.
- **Homosexualität:** Gleichgeschlechtliches sexuelles Begehren und Verhalten bei Lesben und Schwulen.
- **Intersexualität:** Unklare Zuordnung der Sexualität »zwischen« männlich und weiblich auf Grund von nicht eindeutig entwickelten körperlichen Geschlechtsmerkmalen (»Zwitter«, Hermaphroditismus), heute auch DSD [difference of sex development] genannt.

---

30 Sigusch V (1998)
31 Sigusch V (2005), S. 7
32 vgl. Übersicht »Besondere Spielarten des Sexuellen« in der ▶ 4. Vorlesung

- **Paraphilie:** Spezifische Sexualpräferenz, die auf Gegenstände oder Handlungen ausgerichtet ist. Die frühere Bezeichnung war »Perversion«.
- **Polyamorie:** Einvernehmliche, auf Dauer angelegte Liebesbeziehung zwischen mehr als zwei Menschen.
- **Polysexualität:** Sexuelle Orientierung, die gleichzeitig auf Menschen unterschiedlicher Orientierungen und Identitäten ausgerichtet ist. Dabei kann sich das Begehren auch auf Transidente oder Intersexuelle richten. Sie geht über die Bisexualität hinaus und wird manchmal auch *Trisexualität genannt*. Bei der *Pansexualität* ist das Spektrum des Begehrens noch weiter gesteckt und faktisch unbegrenzt.
- **Transgender:** Subjektiv erlebte Geschlechtlichkeit abweichend vom angeborenen Geschlecht, wobei (in Abgrenzung von der Transidentität) nicht unbedingt eine Veränderung des biologischen Geschlechts angestrebt wird.
- **Transidentität,** synonym: *Transsexualität, Genderdysphorie:* »Leben im falschen Körper« mit dem drängenden Wunsch, die soziale Identität zum gewünschten Geschlecht hin zu wechseln und zumeist auch eine Anpassung der körperlichen Merkmale zu erlangen. Als Gegenstück dazu spricht man von *Cissexualität*, um die Übereinstimmung der Geschlechtsidentität mit dem biologischen Geschlecht zu bezeichnen.
- **Transvestitismus:** Mit Erregung verbundene Übernahme der gegengeschlechtlichen Geschlechterrolle im Verhalten, insbesondere in der Art, sich zu kleiden.

2. Vorlesung
Sexualität und die Psychoanalyse

In der Psychoanalyse hat die Sexualität in verschiedenen Kontexten Bedeutung:

- Die Theorie des Unbewussten wurde zu Beginn aus einer reinen Triebtheorie heraus entwickelt. Der Sexualtrieb spielte dabei eine maßgebliche Rolle.
- Die Psychoanalyse betrachtete intrapsychische, soziale und kulturelle Prozesse lange ausschließlich als Ergebnis einer sexuellen Energie, der Libido und ihrer Verarbeitung.
- Sie verstand die Neurosenentstehung zuerst als Folge verdrängter Sexualtriebe.
- Sie entwarf eine Lehre der menschlichen Entwicklung als Triebentwicklung.
- Sie befasst sich mit der Sexualität im psychotherapeutischen Prozess.
- Sie untersucht und behandelt die Psychopathologie der Sexualität.

Sexualität wird dabei in einem sehr weiten Sinne verstanden. Sie umfasst das gesamte Lust- und Unlusterleben, das mit seelischen und körperlichen Empfindungen verbunden ist. Der Begriff meint aber weit mehr als genitale Geschlechtlichkeit. Sigmund Freud beschrieb als *Libido* (lateinisch für Begehren, Verlangen) die Lebensenergie, die hinter allen psychischen Prozessen steht und die das Bewusstsein ebenso beherrscht wie das Unbewusste.

Damit steht die Sexualität in ihren verschiedenen Funktionen und Erscheinungsformen im Zentrum des ursprünglichen psychoanalytischen Denkens. Ihre Bedeutung hat sich in den über 100 Jahren der weiteren Entwicklung durch Neuerungen und Weiterentwicklungen der Theorie und Technik allerdings grundlegend verändert. Die Bedeutung der Triebtheorie ist zurückgegangen. Heute ist sie für die Psychoanalyse nicht mehr prägend.

Der Ursprung der Sexualität

Wie der Trieb entsteht, wissen wir nicht. Wir wissen nur, dass mit dem Menschsein etwas Existenzielles verbunden ist, das wir als psychosexuelle Konstitution oder mit Sigmund Freud als *Trieb* bezeichnen, den wir gemeinhin dem Körperlichen zurechnen. Als Sexualität dient er dem Arterhalt und der Fortpflanzung. Nach Freud ist er die Basis aller Motivationen.

Die neuere Affektforschung[33] sieht das anders. Danach stellen die *Affekte* die primären Motivationen dar und nicht die Triebe. Eingebettet in Beziehungen, soziale Prozesse und kulturelle Kontexte entwickelt sich daraus der bio-psycho-soziale Komplex, dem wir als Sexualität begegnen. Sie hat sich im Laufe des Zivilisationsprozesses zu Gunsten der Lustbefriedigung von der Aufgabe der Fortpflanzung gelöst.

Es ist einer der genialen Einfälle von Freud, dass er erkannte, dass die Sexualität, der wir beim Erwachsenen begegnen, nicht mitgebracht ist, sondern sich erst in einem Prozess der Reifung entwickelt. Er nahm an, dass sie in der oralen Beziehung zur Mutter als dem ersten Liebesobjekt ihren Ursprung hat. Prägend sind die frühen Körpererfahrungen, die durch Lustempfindungen bei der Pflege im Kind hervorgerufen werden. Danach kann man bildhaft sagen: Die Sehnsucht nach der Mutterbrust ist der Motor für späteres sexuelles Begehren.

Heute sehen wir mehr als damals, dass die psychophysische Reifung nur eine der Entwicklungsbedingungen ist und dass die Ausformung der Sexualität mehr mit Beziehungserfahrungen und soziokulturellen Vorgaben zu tun hat als mit der Biologie.

---

33 Krause (1996)

Der Exponent dieser Auffassung ist Jean Laplanche, der mit seiner *allgemeinen Verführungstheorie* die frühere Freud'sche Verführungstheorie[34] von 1896 einer Revision unterzogen und damit neue Perspektiven eröffnet hat.[35] Für ihn ist die unbewusste Sexualität der Eltern, ihr unbewusstes Begehren in der Beziehung zu ihrem Kind, von entscheidender Bedeutung.

Seine wegweisende Erweiterung besteht darin, dass er die Pflege- und Stillsituation zwischen der Mutter und ihrem Säugling als eine zutiefst sexuelle Verführungssituation versteht. Danach geht die infantile Verführung nicht, wie bei Freud, von ödipalen Männern wie dem Vater aus, sondern zuvorderst von der präödipalen Mutter.

Bei Laplanche erscheint die Mutter erstmals als ein begehrendes sexuelles Wesen, und die Interaktion zwischen beiden ist unvermeidlich. So wird der Säugling das Objekt ihres unbewussten Begehrens, deren »rätselhafte Botschaften« es in seiner Unreife weder verstehen noch verarbeiten kann. Über diese rätselhaften sexuellen Botschaften in der engen direkten Berührung mit dem mütterlichen Körper entstehen die Phantasien, die den Kern des Unbewussten bilden. Nach Laplanche wird durch das Begehren der Eltern das Unbewusste des Kindes geschaffen.

Ilka Quindeau[36] hat diese Theorie auf die Entstehung der Sexualität angewandt. Sie betont dabei die Asymmetrie der Beziehung zwischen den Eltern und dem Kind. Anders als die moderne Entwicklungspsychologie sieht sie weniger den »kompetenten« Säugling[37], der Verhalten in den Eltern induziert, als seine Unterworfenheit. Er ist dem Begehren der Erwachsenen, das ihm weitgehend unbewusst bleibt, ausgesetzt. Doch die ersten Befriedigungserlebnisse mit der Mutter im Stillakt werden in das Körpergedächtnis eingeschrieben. Der Körper wird dadurch zu einem sexuellen Körper. Darauf antwortet das Kind mit eigenem Begehren. Auf diese Weise wird das Sexuelle im Kind durch frühe Interaktionen hervorgerufen.

Die libidinöse Besetzung des kindlichen Selbst durch das Begehren der Eltern spielt bei der Aktivierung der sexuellen Protoidentität eine bedeu-

---

34 Freud S (1896); ▶ »Zur Triebtheorie der Neurosen« in dieser Vorlesung
35 Laplanche J (1988, 2001)
36 Quindeau I (2008, 2014)
37 Dornes M (1983)

tende Rolle. Man kann aber fragen, ob das allein der entscheidende Vorgang ist. Diese Sichtweise unterschätzt nach meiner Auffassung den Anteil des Kindes. Dieser besteht in den Signalen, die es aussendet und die das Begehren der Eltern hervorrufen: Das sind protosexuelle Aktivitäten wie sein Lächeln und Lallen, seine Laute und Gestik, sein Geruch und in einem noch viel umfassenderen Sinne seine bloße Existenz, die Eltern glücklich macht.

Ich bevorzuge daher die Sichtweise, dass die Konstituierung des sexuellen Selbst ein intersubjektiver Prozess ist, an dem beide Seiten – Eltern und Säugling – zusammenwirken. Der Säugling erlebt in den frühen Interaktionen die Wirkmächtigkeit seiner protosexuellen Aktivität, auf die das Begehren der Eltern antwortet.

So scheint mir die Annahme berechtigt, dass das sexuelle Selbst eine *Ko-Konstruktion*[38] ist, die ohne die Berücksichtigung *aller* Beteiligten nicht hinreichend verstanden wird – nicht in der frühen Selbstentwicklung und auch nicht in den späteren Partnerschaften. Es ist ein intersubjektiver Prozess, der sich in jeder neuen Beziehung wiederholt. Erst durch das Zusammenwirken der unbewussten Interaktionen, erst aus dem *gegenseitigen* Begehren entsteht die Sexualität als ein Drittes.

Die Triebtheorie der Neurosen

Das »Skandalöse« der Psychoanalyse ist die Annahme einer *infantilen* Sexualität. Diese Annahme war im ausgehenden 19. Jahrhundert, als Sigmund Freud die Grundlagen der Psychoanalyse entwickelte, nicht völlig neu. Die Sexualwissenschaft hatte damals die Sexualität des Kindes bereits als Gegenstand der Forschung entdeckt. Dennoch erregte Freud Aufsehen mit seiner Beobachtung, dass die Sexualität nicht auf das Erwachsenenalter begrenzt ist. Er fand, dass bereits Kinder trotz ihrer sexuellen Unreife von

---

[38] zum intersubjektiven Ansatz vgl. Orange DM, Atwood GE & Stolorow RD (1997)

Geburt an bestimmte Sexualäußerungen zeigen, z. B. die kindliche Masturbation und die Zeigelust. Die Annahme einer Asexualität des Kindes bezeichnete er als realitätsfremd. Bei der Empörung über diese Auffassung wurde allerdings häufig übersehen, dass Freud nicht eine genitale Ausrichtung der kindlichen Sexualität unterstellt hat, sondern alle Formen von Lusterleben am eigenen Körper als infantile Sexualität betrachtete.

Um die damalige Empörung zu verstehen, muss man sich das prüde gesellschaftliche Klima im Wien der k. u. k. Zeit um 1900 vergegenwärtigen. Trotz aller technischen Neuerungen und kulturellen Errungenschaften, trotz eines gewissen Aufbruchsklimas herrschte in sexueller Hinsicht damals eine zutiefst gespaltene Moral: Wien war einerseits in sexuellen Dingen viel offener, als man zumeist glaubt. Das Thema Sexualität lag gleichsam in der Luft, wie das damals gierig und zugleich empört aufgenommene Buch *Geschlecht und Charakter* von Otto Weininger belegt, das 1903 erschienen war. Allerdings war das, was in bestimmten Kreisen gelebt und diskutiert wurde, durchaus nicht allgemein akzeptiert. In diesem Klima war man natürlich hellhörig und reagierte gereizt auf die provokativ erscheinende Annahme einer kindlichen Sexualität.

Freud begründete auf dieser Annahme seine gesamte Neurosenlehre. Er legte die Grundzüge dazu um 1890 bei der Behandlung von Patientinnen, die sich zumeist wegen hysterischer Symptome an ihn gewandt hatten. Er betrachtete die Hysterie als Ausdruck einer Verführung und einer Störung der psychosexuellen Entwicklung in der Kindheit.[39] Diese Auffassung verallgemeinerte er und bezog sie auf alle Neurosen.

Anfangs sah er den Kern dieser Störungen in der Verdrängung traumatischer sexueller Erfahrungen.[40] Das bedeutet nichts anderes, als dass er bei seinen Patientinnen regelmäßig einen sexuellen Missbrauch fand. Diese Entdeckung erschien ihm aber selbst so ungeheuerlich, dass er seine Verführungstheorie nach einigem Zögern deutlich einschränkte und praktisch aufgab[41].

Stattdessen nahm er nun an, dass es sich bei den Inhalten, die er aufdeckte, um Phantasien und verdrängte Kindheitswünsche handelte und

---

39 Freud S (1900)
40 Freud S (1896)
41 Brief an Wilhelm Fließ vom 21. 9. 1897

nicht unbedingt um reale Traumata. Das Entscheidende war für ihn nun die *innere* Realität, selbst wenn ein reales Trauma stattgefunden hatte.

Damit stiftete er eine lebhafte kontroverse Debatte in der Psychoanalyse, die bis heute anhält: auf der einen Seite die Verfechter der innerseelischen Realität, denen es weniger um die real erlittenen Verwundungen als um innere Prozesse geht; auf der anderen Vertreter der äußeren Realität, die dazu neigen, alle möglichen Formen von Neurosen als »Drama des begabten Kindes«[42] zu betrachten und in der Therapie auf emotionalen Missbrauch und erlittene Traumata im Außen zurückzuführen. Insgesamt kann man sagen, dass die Bedeutung des realen sexuellen Traumas für das Verstehen der Psychopathologie durch Freuds Kehrtwende letztlich über mehrere Jahrzehnte an Bedeutung verloren hat.

Freud blieb aber dabei, dass es Verdrängungen der infantilen *Sexual*-Äußerungen waren, die zu einem partiellen Stillstadt der Triebentwicklung führen und die Grundlage für die Neurosenentstehung bilden. Die Symptome wertete er als Ersatz für die verdrängten Partialtriebe und bezeichnete sie als »Negativ der Perversion«[43]. Die Triebentwicklung wird in den Entwicklungsphasen fixiert, in denen die Verdrängung stattfindet. Der Inhalt der Verdrängung, also das Verdrängte, bildet das dynamische Unbewusste.

Diese Prozesse geschehen nach der damals herrschenden Auffassung vornehmlich in der vulnerablen Phase am Ende der frühen Kindheit, die Freud »Ödipuskomplex« nannte nach der Figur aus der gleichnamigen griechischen Tragödie des Sophokles. Damit spielte er auf die Verstrickung des Kindes mit seinen Eltern in dieser Entwicklungsphase an. Er glaubte, dass die Ambivalenz gegenüber beiden Eltern, die Gleichzeitigkeit von Hass und Begehren in beiden Beziehungen, die Ursache für die Fixierungen im Ödipuskomplex sind. Damit wurde der Ödipuskomplex der Angelpunkt in Freuds Verständnis der Neurosenpathologie.

---

42 Beispielhaft für diese Richtung, die sich aus der neueren Narzissmuslehre von Heinz Kohut entwickelt hat, ist das berühmte Buch von Alice Miller mit diesem Titel.

43 Freud S (1905), S. 65

Der (Sexual-)Trieb

Die Triebtheorie der Neurosen war nicht die einzige grundlegende Neukonzeption der Freud'schen Trieblehre. In den *Drei Abhandlungen zur Sexualtheorie*[44] hat er zwei weitere Bausteine dazu vorgelegt.

- Der eine ist seine Einstellung zum *Leib-Seele-Problem* bezüglich der Sexualität. Er betrachtete »Trieb« als einen »Grenzbegriff zwischen Seelischem und Somatischem«.[45] Er nahm aber an, dass psychische Prozesse wichtiger für die Entwicklung und Manifestationen des Sexuellen sind als biologische. Mit dieser Annahme widersprach er der Ansicht, dass es vor allem biologische Prozesse sind, welche die Sexualität hervorrufen und formen.
- Der zweite Baustein ist die *Erweiterung des Konzeptes der Sexualität*. Mit den Überlegungen zur infantilen Sexualität erkannte er die Kontinuität des Sexuellen an, die von der frühen Kindheit bis ins Erwachsenenalter reicht. Dabei werden prägenitale Äußerungsformen des Sexuellen, die *Partialtriebe*, in die genitale Sexualität des Erwachsenen übernommen. Diese erhält dadurch ein breites Spektrum an Befriedigungsmöglichkeiten, die nicht dem Ziel der Fortpflanzung dienen. Sie fördern die Vorlust, die in den genitalen Akt münden kann, aber nicht muss. Das entscheidende ist der Lustgewinn und die Befriedigung.

Mit diesen Überlegungen wurde Freud zum Vorreiter der sog. sexuellen Befreiung im 20. Jahrhundert.[46] Sein Sexualkonzept sollte Wertungen und das übliche Normalitätsdenken überwinden. Wie wir in später sehen werden[47], finden darin auch die »Abirrungen« und Perversionen ihren Platz. Allerdings entdeckt man bei der kritischen Lektüre seiner Werke, dass er diese wirklich innovativen Ideen immer wieder zu Gunsten einer konservativeren Sichtweise zurücknahm.

---

44 Freud S (1905)
45 Freud S (1915c), S. 214
46 vgl. »Von der binären zur multiplen Geschlechtsidentität« ▶ 1. Vorlesung
47 vgl. »Besondere Spielarten des Sexuellen« ▶ 4. Vorlesung

Varianten der Triebtheorie

In Freuds Werk gibt es verschiedene Varianten des Triebkonzepts. Es war anfangs monistisch und ausschließlich als eine Theorie des Sexualtriebes konzipiert. Erst ab etwa 1910 beschrieb er einen Triebdualismus, indem er neben dem Sexualtrieb auch Ich-Triebe anerkannte. Während er die duale Struktur seiner Theorie von da an beibehielt, füllte er sie im Laufe der Entwicklung mit verschiedenen Inhalten. So kommt es, dass verschiedene Versionen der Triebtheorie entstanden.[48] Mit der Einführung eines Todestriebes als Gegenpol zum Sexualtrieb begab er sich schließlich in den Bereich des Metaphysischen.

Dabei definierte er Trieb zumeist weitgehend biologisch in den Kategorien *Quelle, Ziel, Objekt und Drang*.[49] Zugleich betonte er die psychologische Dimension. Danach ist der Trieb ein »psychischer Repräsentant der aus dem Körperinneren stammenden, in die Seele gelangenden Reize«.[50] Der Begriff »Repräsentanz« umfasst eine Vorstellung und die dazu gehörenden Affekte.

Wenn Freud das sexuelle Verlangen als die psychische Komponente des Triebes betonen wollte, sprach er bevorzugt von *Libido*. Später[51] verwendet er den Begriff allerdings viel umfassender, als allgemeines Streben nach Lust. Es wird erst in der Pubertät in den Dienst der Fortpflanzung gestellt. In einem noch weiteren Sinne bezeichnen Trieb und Libido an manchen Stellen von Freuds Werk auch einfach psychische Energie.

Nachdem Freud seine anfängliche Verführungstheorie eingeschränkt hatte, verstand der die Symptome seiner neurotischen Patientinnen als Ausdruck von verdrängten sexuellen Vorstellungen, die aus der Kindheit stammen. Diese Auffassung hatte er in Träumen bestätigt gefunden. Er verstand Träume und Neurosen als unbewusste Erfüllung von verdrängten infantilen sexuellen Wünschen.

---

48 Eine Übersicht gibt er selbst in *Jenseits des Lustprinzips* (1920), S. 54 ff.
49 Freud S (1905)
50 Freud S (1915c), S. 214
51 Freud S (1925), S. 63

> **Kasten 4: Definition des Triebes nach Freud (1905, 1932)[52]**
>
> - *Trieb* ist ein psychisches Phänomen, das von einem inneren Drang ausgeht und das Individuum auf ein Ziel hinstreben lässt. Er ist die psychische Repräsentanz (d. h. eine Vorstellung mit den begleitenden Affekten) einer kontinuierlich fließenden somatischen Reizquelle.
> - *Triebquelle*, d. h. der Ausgangspunkt des triebhaften Dranges, ist ein körperlicher Spannungszustand, der sich an Bedürfnisse »anlehnt«, die im Verlauf der psychosexuellen Entwicklung entstehen.
> - *Triebziel* ist die Aufhebung des Spannungszustandes durch Triebbefriedigung. Bei Erwachsenen geschieht das im »Normalfall« durch den Orgasmus im genitalen Verkehr, bisweilen aber auch durch Befriedigung von Partialtrieben (z. B. beim Küssen oder durch Schmerzzufügung). Es wird zwischen aktiven Triebzielen (etwas mit dem Objekt tun; penetrieren) und passiven Triebzielen (etwas mit sich machen lassen; penetriert werden) unterschieden.
> - *Triebobjekt* ist das Objekt (zumeist eine Person), von dem die geschlechtliche Anziehung ausgeht und an dem die Triebbefriedigung stattfindet. Dabei betont Freud, dass der Trieb durchaus unabhängig vom Objekt ist. Damit unterstreicht er seine Auffassung, dass die Objektwahl das Ergebnis psychischer Prozesse ist und nicht angeboren.

Das Sexuelle und die Triebentwicklung

So lag es nahe, dass Freud sich ausführlich mit der Entwicklung der infantilen Sexualität beschäftigte. Er ging dabei allerdings nicht von systematischen Kinderbeobachtungen aus, wie wir sie heute in der Säuglingsforschung kennen. Stattdessen zog er aus seinen Behandlungen erwachsener Neurotiker(innen) weitgehende Schlüsse, auf denen er ein Konzept der sexuellen Entwicklung und der kindlichen Sexualität aufbaute. Es ist durch die folgenden Eckpunkte (▶ Kasten 5) gekennzeichnet.

---

52 Freud S (1932), S. 103

Kasten 5: Eckpunkte der Triebtheorie in den *Drei Abhandlungen zur Sexualtheorie*

1. Der Mensch ist psychisch *grundsätzlich bisexuell konstituiert*. Er kommt also als ein Wesen zur Welt, das aktiv-männliche und passiv-weibliche Potenziale und die Anlage zur gegen- und zur gleichgeschlechtlichen Liebe (»Objektwahl«) in sich trägt.
2. Die Ausrichtung der sexuellen Orientierung in die eine oder die andere Richtung ist nicht an das biologische Geschlecht gebunden. Sie ist das *Ergebnis der psychischen Entwicklung*, die durch Identifikationen und Verdrängungen geprägt wird.
3. In Abgrenzung zu einer normalen Sexualentwicklung gibt es »Abirrungen«, die auf Fixierungen und Fehlidentifikationen beruhen. Sie führen zu *sexuellen Perversionen* bzw. zur »inversen« Objektwahl, d. h. zur Homosexualität.
4. In der Triebentwicklung gibt es bestimmte *Phasen*, in denen die Libido an entwicklungsspezifischen erogenen Körperzonen, z. B. der Mundhöhle oder dem Anus, abreagiert wird. Auf diese Weise werden Partialtriebe »in Anlehnung« an erogene Zonen befriedigt.
5. In der Pubertät verschmelzen die Partialtriebe zur *Genitalität*, d. h. die Befriedigung durch den Orgasmus bei der genitalen sexuellen Vereinigung wird nun das definitive Ziel des Trieblebens. Partialtriebe können dabei als Vorlust wirksam bleiben.
6. Die ursprünglich autoerotische Lust, die auf die eigene Befriedigung ausgerichtet war, wird nun in den Dienst der *Fortpflanzung* gestellt.
7. Sexuelles Begehren ist *grundsätzlich konflikthaft*. Die Konflikte beziehen sich auf die Ambitendenz zwischen aktiven und passiven Neigungen, zwischen wollen und nicht dürfen sowie zwischen dem Begehrenden und dem Begehrten.
8. Die Konflikthaftigkeit ist der *Motor für Verdrängungen*. Diese führen zu Fixierungen der Triebentwicklung und bewirken, dass eine vollkommene Verschmelzung der Partialtriebe in der Pubertät ausbleibt. Sie hinterlassen eine polymorph perverse Sexualorganisation. Diese charakterisiert das erwachsene Sexualleben, selbst wenn sie nicht *en Detail* ausgelebt wird.

Phasen der psychosexuellen Entwicklung

Das zentrale Werk, in dem Freud seine Triebtheorie niederlegte, waren die *Drei Abhandlungen zur Sexualtheorie*[53]. Sie sind ein Jahrhundertwerk, an dem kein Weg vorbei geht. Darin beschrieb Freud einen zweizeitigen Ansatz der psychosexuellen Entwicklung: Die infantile und die erwachsene Triebentwicklung.

Sein Augenmerk galt der infantilen Sexualentwicklung bis zur Pubertät, die in der späten Kindheit von einer Periode der Latenz unterbrochen wird und dann in die Erwachsenensexualität übergeht. Diese Entwicklung beginnt mit einer polymorph-perversen, autoerotischen Phase, in der der Körper als Ganzes erogen besetzt ist und die Reizung der Haut zur Befriedigung führt. Die infantile Sexualentwicklung geht Hand in Hand mit einer phasenhaften physiologischen Reifung entlang der jeweils entwicklungsgemäß vorherrschenden Funktionen und Bedürfnisse, die an bestimmte erogenen Zonen angelehnt sind. Freud sprach auch von Lustzentren.

Parallel dazu verläuft die Entwicklung der Libidobesetzungen. Darunter versteht man die Ausrichtung der psychosexuellen Interessen. Sie richten sich nach Freud anfangs im Autoerotismus auf die eigene Person, gelangen dann in der fragilen Phase des Narzissmus in das Spannungsfeld zwischen Selbst und andere und reifen später zur Objektliebe, d.h. zum tiefergehenden Interesse an anderen als Liebesobjekt.

Heute betrachten wir die Freud'schen »Phasen« als *Entwicklungsstufen der psychosexuellen Organisation* und betonen dabei stärker als in den Anfängen der Psychoanalyse die Verknüpfung mit der Entwicklung der Ichstruktur, des Selbst und der Objektbeziehungen.

Die orale Entwicklung

Die Oralität (von [lat.] os, oris: der Mund) ist die erste Äußerung der kindlichen Sexualität. Der Mund ist dabei die primäre Quelle der Befriedigung, z.B. durch Nuckeln, Saugen oder Beißen oder durch die Nah-

---

53 Freud S (1905)

rungsaufnahme. Diese Befriedigung wird später immer wieder aufs Neue gesucht. Sie bildet den Keim der oralen Lust. Die Mutterbrust ist dabei das erste Sexualobjekt, an dem die Sexualität sich gleichsam entzündet.

Oralität findet im Säuglings- und Kleinkindsalter statt und dauert als dominantes Erleben etwa bis zum zweiten Lebensjahr. Sie bleibt als Latenz aber lebenslang erhalten. Das zeigt sich zum Beispiel bei Essstörungen. Diese Latenz stellt die primitivste Stufe der psychosexuellen Entwicklung dar. Ihr Thema ist die Einverleibung und das Verschlungen werden. Sie äußert sich z. B. im oralen Masochismus mit dem Wunsch, verschlungen zu werden, und der Angst davor. Das Pendant ist der orale Sadismus, der sich von der Beißlust ableitet.

Nach Ende der oralen Phase lösen andere erogene Zonen den Mund als vorherrschendes Lustzentrum ab; der Mensch behält aber die Fähigkeit zum oralen Lustgewinn, wie beispielsweise bei der Berührung seiner Lippen mit den Lippen des Partners als erotischer Reiz beim Kuss. Störungen der Oralität bilden den triebpsychologischen Hintergrund für Trennungs- und Abhängigkeitsprobleme und von Suchterkrankungen.

Die anale Entwicklung

In der analen (anal-sadistischen) Phase (von [lat.] anus: der After), ist das Thema das Festhalten und Loslassen. Das Kind erlangt durch das Ausscheiden und Zurückhalten von Kot Befriedigung und entwickelt ein Gefühl von Autonomie. Es entsteht die Ambivalenz zwischen Selbstbehauptung und Trotz auf der einen Seite, Gehorsam und Unterwerfung auf der anderen. Das Triebziel ist das Hergeben und das Behalten mit der Polarität zwischen aktivem und passivem Lusterleben.

Diese Phase reicht vom zweiten bis zum dritten Lebensjahr. Sie trägt zum Erlernen des sozialen Miteinanders, zur Konfliktfähigkeit und zur späteren Über-Ich-Entwicklung bei, je nachdem, wie von den Erziehenden mit der Erziehung zu Sauberkeit und Gehorsam umgegangen wird. Ungelöste Probleme können zur Aggressionshemmung, mangelnden Selbstbehauptung und Unterwürfigkeit führen und die Herausbildung eines so genannten »analen Charakters«[54] fördern, der durch Geiz, Pedanterie und übertriebenen Ordnungssinn gekennzeichnet ist.

Die phallisch-ödipale Entwicklung

In der phallischen (infantil genitalen oder ödipalen) Phase (von [griech.] phallos: das männliche Glied), die etwa vom dritten bis zum fünften Lebensjahr dauert, richtet sich der Großteil der Aufmerksamkeit auf die Erforschung des eigenen Körpers. Dabei sind Penis und Klitoris und der Vergleich mit anderen besonders interessant. Das Thema ist Eindringen und Aufnehmen.

In dieser Phase bestehen eine drängende Zeigelust, Schaulust und Sexualneugier, was den Unterschied zwischen dem weiblichen und dem männlichen Geschlecht bewusster werden lässt. Dadurch entsteht in der Phantasie der Gegensatz zwischen den Kategorien Penisträger und kastriert. Sie wird als phantasierte Kastrationserfahrung und Penisneid der kleinen Mädchen und als Kastrationsangst und Geburtsneid der kleinen Jungen weiterverarbeitet. Erst nach und nach kann sich die Bedeutung des Geschlechtsunterschiedes und die Anerkennung der Tatsache durchsetzen, dass man nur einem Geschlecht angehört.

Die Triebwünsche in dieser Phase äußern sich noch bisexuell, d. h. dass beide Eltern begehrt werden und man von beiden geliebt werden will. Aus diesem doppelten Begehren ergibt sich der Ödipuskomplex als konfliktbeladene Position zwischen Liebe und Hass in der Beziehung zu beiden Eltern. Zur Lösung dieses Konfliktes identifiziert sich das Kind in der heterosexuellen Entwicklung mit dem gleichgeschlechtlichen Elternteil und wählt den gegengeschlechtlichen als Liebesobjekt. Das führt zum Erwerb der heterosexuellen Orientierung. Das Ergebnis dieser Entwicklungsphase sind außerdem die Anerkennung der Generationsgrenze, das Inzesttabu und die Errichtung des Überichs, was hier nicht im Detail ausgeführt werden kann.[55]

---

54 Abraham (1927)
55 vgl. Freud S (1923)

2. Vorlesung Sexualität und die Psychoanalyse

Fixierungen des Ödipuskomplexes bewirken, dass der heranwachsende Mensch in kindlichen Liebes- und Hassbindungen gefangen bleibt und sich nicht aus den Verstrickungen mit den Eltern lösen kann. Daraus entwickeln sich im späteren Leben Übertragungen der infantilen auf die aktuellen Beziehungsmuster mit fatalen Folgen für die Partnersuche, Partnerwahl und das partnerschaftliche Zusammenleben.

Die Latenz

Vom fünften bis zum elften Lebensjahr folgt die Latenzperiode (von [lat.] latere: verborgen sein). In dieser Zeit werden keine neuen Sexualziele gewählt (daher die Bezeichnung Latenz), was aber nicht bedeutet, dass es keine Sexualität gäbe. Diese wird allerdings vielfach sublimiert und in andere Energie, wie zum Beispiel in geistige oder sportliche Interessen, umgesetzt. Befriedigung wird durch das Erlangen von Fähigkeiten und die Erkundung der Umwelt erreicht. Das Kind wird fähig, auf Lustbefriedigung zu verzichten oder sie auf einen späteren Zeitpunkt zu verschieben. Kulturelle Werte werden von Vorbildern übernommen (Lehrer, Bekannte, Trainer), und kognitive Fähigkeiten werden erworben. Die Schule und das Spielen mit Geschlechtsgenossen nehmen an Bedeutung zu, während sexuelles Verlangen verdrängt und in soziale Erfahrungen umgeleitet wird.

Die genitale Entwicklung

Die genitale Phase (von [lat.] gens, gentis: das Geschlecht) tritt mit der Pubertät etwa ab dem elften und zwölften Lebensjahr ein. In dieser Zeit erwacht die Sexualität unter dem Einfluss der Sexualhormone zu neuer Macht. Sie tritt nun in eine weitere Funktion: Sie dient auch der Fortpflanzung, nicht mehr nur der Lustbefriedigung. Die bis dahin vorherrschenden erregenden Handlungen und Bedürfnisse, die Partialtriebe, werden nun in die erwachende Genitalität integriert. Sie werden zu vorbereitenden Akten für das neue Sexualziel, den Orgasmus.

War das Interesse der Kinder in den frühkindlichen Phasen noch mehr oder weniger autoerotisch, d. h. selbstbezogen, und das Sexualobjekt Personen in der Familie, so werden jetzt Liebespartner außerhalb der Familie gesucht. Sexualität tritt damit in den Dienst der Loslösung aus der Kindheit und der Kindheitsfamilie. Partnerschaft wird eine wichtige Form sozialer Interaktion. Bei der Objektwahl werden zunächst Personen als Liebesobjekte gewählt, die den Kindheitsobjekten ähnlich sind. Mit zunehmender Verselbstständigung treten andere an diese Stelle: Idole, Vorbilder, Lehrer, die idealisiert werden können. Diese Schwärmereien ähneln einem Verliebtsein. Sexuelle Handlungen oder eine Partnerschaft werden zumeist jedoch nicht angestrebt.

Wenn die Ablösung von den Eltern als den Liebesobjekten der Kindheit nicht oder nur mangelhaft gelingt, wird die Genitalität unterdrückt. Die Heranwachsenden schaffen es auf diese Weise, ihren Eltern weit über die Pubertät hinaus in Kinderliebe verbunden zu bleiben. Als negative Folgen davon entstehen Störungen der partnerschaftlichen, insbesondere der erotischen Beziehungen, wie wir noch sehen werden (▶ 3. Vorlesung).

Zur Bedeutung der Freud'schen Trieblehre

Um die Bedeutung von Freuds Lehre der psychosexuellen Entwicklung in den *Drei Abhandlungen* (▶ Abb. 2.1) nachzuvollziehen, muss man sich vergegenwärtigen, dass es damals nur wenige Erkenntnisse über die Kindheitsentwicklung und speziell über die infantile sexuelle Entwicklung gab. Die Sexualwissenschaft stand noch am Anfang und war zeitgemäß auf biologische Konzepte ausgerichtet. Ihr Erkenntnisgewinn ging nicht über die Sammlung und Ordnung von Phänomenen hinaus. Es galt ein männerorientiertes Menschenbild in einer patriarchalen Gesellschaft. Alle Äußerungsformen des Sexuellen, die vom Verhalten der heterosexuellen Mehrheit abwichen, wurden als krankhaft deklariert, die Betroffenen diskriminiert. Vor diesem Hintergrund waren es vor allem drei Ansätze in Sigmund Freuds Denken, die als umwälzend betrachtet werden müssen:

1. *Die Beobachtung der infantilen Sexualität* und die psychodynamische Beschreibung ihrer Entwicklung. Selbst wenn manche Details der Phasenlehre der Triebentwicklung heute als überholt gelten und der Betrachtung der Beziehungs- und Bindungsprozesse in der Kindheit Platz gemacht haben, bildet Freuds Ansatz doch einen kühnen Einstieg

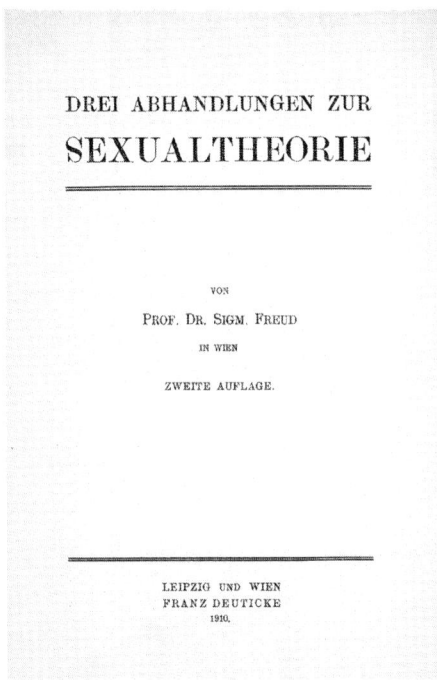

Abb. 2.1: Die *Drei Abhandlungen zur Sexualtheorie* von Sigmund Freud wurden eines der bedeutendsten und einflussreichsten Bücher des 20. Jahrhunderts (© akg-images).

in die Welt der Kindheitsentwicklung, auf dem die weiterführenden späteren Theorien aufbauen konnten.

2. *Die Lehre von den Partialtrieben*. Sie führte zu einer nicht bewertenden Konzeption der verschiedenen Formen der Sexualität, die auch die Sexualität der Erwachsenen in einem neuen Licht erscheinen ließ. In Verbindung mit dem Konzept der Regression ist sie nach wie vor eine Basis für das Verständnis der Paraphilien (▶ 4. Vorlesung)

3. *Das Konzept der konstitutionellen Bisexualität*. Dieses Konzept bildet an sich den Grundstein für ein emanzipatorisches Konzept der geschlechtsspezifischen Entwicklung, das die verschiedenen Entwicklungsmöglichkeiten als gleichwertig betrachtet. Indem Freud allerdings an seinem phallozentrierten Konzept eines weiblichen Kastrationskon-

zeptes festhielt, konnten er und seine Nachfolger das Potenzial nicht ausschöpfen, das in dieser Auffassung enthalten ist.[56]

Trotz dieser Verdienste wurden in der weiteren Entwicklung die *Grenzen von Freuds Trieblehre* deutlich und führten zu Dissens und Dissidenz. Dabei scheinen mir drei Kritikpunkte besonders wichtig:

1. *Die Verallgemeinerung der Libidotheorie und des Ödipuskomplexes* und ihre Anwendung auf alle Formen von Psychopathologie, gesellschaftlichen und kulturellen Prozessen. Diese Kritik begründete die Abwendung von Carl Gustav Jung von der Freud'schen Lehre ebenso wie die von Alfred Adler. Von den Neoanalytikern (Harald Schultz-Hencke, Harry Stuck Sullivan, Frieda Fromm-Reichmann) und in den Kulturschulen (Karen Horney, Erich Fromm) wurde vor allem als ein Nachteil gesehen, dass die soziale (äußere) Realität bei Freud leicht aus dem Blickfeld geriet.
2. Freuds *Phallozentrismus*, d. h. seine auf die männliche Entwicklung zentrierte Triebtheorie mit der Konstruktion einer defizienten Weiblichkeit. Diese Kritik knüpfte an Freuds Konzept der weiblichen Entwicklung an, in dessen Zentrum er das Konstrukt einer Kastrationsphantasie des Mädchens (»kein Penis«) und den daraus resultierenden Penisneid gestellt hat. Diese Kritik wurde ab den 1920er Jahren in der Freud'schen Schule laut, als zunehmend auch Frauen Einfluss gewannen (Jeanne Lampl-de Groot, Karen Horney). Später, in den 1970er Jahren, wurde sie von der Frauenbewegung aufgegriffen, was wiederum auf die Psychoanalyse zurückwirkte. Diese Thematik wird später näher besprochen.[57]
3. Die Unklarheit bezüglich der *Eigenständigkeit der normalen homosexuellen Entwicklung*. In den *Drei Abhandlungen* betrachtete Freud den homosexuellen Ausgang des Ödipuskomplexes im Vergleich mit der Heterosexualität einerseits als gleichwertige Lösung, andererseits sprach er von Abweichung und rückte die Homosexualität damit in den Bereich der Psychopathologie. Indem er sein geniales Konzept einer konstitu-

---

56 Darauf werde ich im Abschnitt über die weibliche Sexualität in dieser Vorlesung näher eingehen.

57 ▶ »Weibliche Sexualität in der Psychoanalyse« in dieser Vorlesung

tionellen Bisexualität nur auf die Kernidentität und nicht konsequent auch auf die Objektwahl anwandte, ließ er Raum für eine diskriminierende Homophobie, welche die Psychoanalyse über Jahrzehnte geprägt hat.

Jenseits der Triebtheorie

Wie wir gesehen haben, war die klassische psychoanalytische Auffassung der Sexualität weitgehend in Freuds Triebtheorie verwurzelt. Bei der Darstellung der Triebentwicklung wurde aber auch deutlich, dass man Trieb nicht ohne sein Objekt betrachten kann. So wurde die Mutterbrust als erstes Liebesobjekt bezeichnet. Die Sehnsucht nach der Mutterbrust ist der Motor für späteres sexuelles Begehren. Ebenso ist der Ödipuskomplex an sich kein sexuelles Thema, sondern eine Konstellation von Objektbeziehungen, die von infantiler Sexualität motiviert ist und eine maßgebliche Auswirkung auf die Triebentwicklung hat.

In den Weiterentwicklungen wandte sich die Psychoanalyse in den Jahren nach Freud[58] vor allem diesen Objektbeziehungen zu. Diese Entwicklung wurde von Melanie Klein und ihrer Schule und der sog. Middlegroup in England vorangetrieben und entwickelte sich bald zu einer leitenden Strömung in der Psychoanalyse mit vielfältigen Richtungen.

Die Kleinianer[59] konzipieren die Sexualität als Beziehungsgeschehen zwischen dem Individuum und den Anderen. Sie betrachten vor allem die Frühphasen der Entwicklung als prägend, was auch die Sexualität in einem neuen Licht erscheinen lässt. Sie wird nun vor allem vor dem Hintergrund der Beziehung zur Mutter der Frühzeit betrachtet und im Kontext der frühen paranoiden Ängste und ihrer Bewältigung gesehen. Der Ödipuskomplex wird dabei bereits in den Frühphasen der Entwicklung angesiedelt. Nun fanden auch Aggression und Destruktion im Kontext der Se-

---

58 Ermann M (2009b)
59 Klein M (1928)

xualität Berücksichtigung. Melanie Klein leitete sie aus dem Todestrieb ab, den Freud[60] in *Jenseits des Lustprinzips* eingeführt hatte. Michael Balint, eine der Leitfiguren der Londoner Middlegroup, betrachtete vor allem die Verfügbarkeit der Mutter und die Trennung aus der Symbiose[61] als Hintergrund für die psychosexuelle Entwicklung. Dabei zeigte sich, dass die Entwicklungen von Mädchen und Jungen nicht erst im Ödipuskomplex verschiedene Richtungen nehmen, sondern bereits bei der Loslösung aus der Dyade.

Später kam die Selbstpsychologie von Heinz Kohut[62] hinzu. Sie betrachtet die Sexualität in ihrer Funktion der Selbststeuerung und der Aufrechterhaltung der Selbstkongruenz, wobei der Andere vor allem die Funktion eines Selbstobjektes hat, das dem Selbst Stabilität verleiht.

Die derzeitigen Neuerungen gehen von Jean Laplanche aus. Mit seiner bereits erwähnten *Allgemeinen Verführungstheorie* hat er neue Perspektiven eröffnet.[63] Für ihn ist das unbewusste Begehren der Mutter in der Beziehung zu ihrem Kind von entscheidender Bedeutung. Indem dieses Begehren verdrängt wird, konstelliert es das Unbewusste. Nach Ilka Quindeau[64] hinterlassen die Befriedigungserlebnisse beim Stillen im Körpergedächtnis Spuren, die den Körper zu einem sexuellen Körper werden lassen. Dabei wird die Sexualität heute als ein intersubjektiver Prozess betrachtet, in dem das sexuelle Begehren beständig umgestaltet und zwischen den Beteiligten neu ausgestaltet wird.

Die Entwicklung nach Freud hat eine Fülle neuer Sichtweisen und Konzepte zum Verständnis der Sexualität hervorgebracht. Die bedeutendste Erweiterung war dabei die Anerkennung der Tatsache, dass Sexualität nicht nur zur Triebbefriedigung führen kann, sondern ein bedeutendes Medium der Selbst- und Beziehungsregulation darstellt. Im Zusammenhang mit den Sexualstörungen und den Paraphilien (▶ 3. Vorlesung und 4. Vorlesung) wird das deutlicher werden.

---

60 Freud S (1920)
61 Balint M (1937)
62 Kohut H (1971)
63 Laplanche J (1988, 2001); ▶ »Der Ursprung der Sexualität« am Beginn dieser Vorlesung
64 Quindeau I (2008, 2014)

2. Vorlesung Sexualität und die Psychoanalyse

Weibliche Sexualität in der Psychoanalyse

Mit Fug und Recht kann man die Sexualität der Frauen als »dunklen Kontinent«[65] der Freud'schen Psychoanalyse bezeichnen. Das hat diese über Jahrzehnte in den Verruf einer gewissen Frauenfeindlichkeit gebracht, der schließlich die feministische Psychoanalyse mit ihren emanzipatorischen Konzepten entgegentrat.[66]

Freuds Auffassung der weiblichen Entwicklung

Dabei ist es überraschend, dass die Weiblichkeit im Werk von Sigmund Freud ausschließlich vor dem Hintergrund der männlichen Entwicklung betrachtet wird. Beim Mädchen, so meine er, müsse es ähnlich zugehen, »aber doch in irgendeiner Weise anders«[67]. Der wesentliche Unterschied ist dabei der Besitz oder das Fehlen des männlichen Gliedes. Daraus ergab sich die Sichtweise einer »natürlichen Minderwertigkeit« der weiblichen Geschlechtlichkeit im Vergleich zur männlichen. Sie blieb sein ganzes Werk hindurch erkennbar.

Dreh- und Angelpunkt seiner Theorie der weiblichen Sexualität[68] ist der biologische Geschlechtsunterschied, der von ihm angenommene Penisneid und dessen psychische Verarbeitung, wonach Frauen angeblich einen genitalen Mangel erleben. In den *Drei Abhandlungen zur Sexualtheorie* hatte Freud die These eines männlich strukturierten sexuellen Monismus übernommen, die ursprünglich von Charles Darwin stammt. Er nahm damit einen primär männlichen Charakter der Libido an. Männlich bedeutet dabei eine aktive Libidoposition im Gegensatz zu einer passiv-femininen. In diesem Sinne soll die Sexualität des kleinen Mädels eine männliche Ausrichtung haben.

Im Mittelpunkt seiner sexuellen Konzepte steht der Phallus als Symbol der Männlichkeit. Er nahm an, dass Mädchen als Kleinkinder ihre Vagina

---

65 Freud S (1926), Rohde-Dachser C (1997)
66 Mitchell J (1973), Lindhoff L (2003)
67 Freud S (1925)
68 Freud S (1931)

nicht wahrnehmen und stattdessen die Klitoris mit dem Penis von Jungen vergleichen, aber als minderwertig betrachten. Aus diesem Vergleich, so Freud, resultiert die Vorstellung der Mädchen, sie seien kastriert. Daraus ergibt sich, so Freud weiter, ein weibliches Minderwertigkeitsgefühl mit dem neidvollen Wunsch, ein Junge zu sein und einen Penis zu besitzen wie dieser. Für Freud ist das Mädchen mithin ein »kleiner Mann«[69], der sich kastriert fühlt. Die Klitoris sei für das Mädel nur ein verkümmerter Penis und ein minderwertiges Organ, während es die Vagina erst mit der Pubertät entdeckt.

In der phallischen Entwicklung und nach der Entdeckung des Geschlechtsunterschiedes wendet das Mädchen sich nach Freud wütend von der Mutter, die ebenfalls minderwertig gesehen wird, als dem primären Liebesobjekt ab. Es sucht nun die Liebe des Vaters und wünscht sich von ihm einen Penis (so wie er einen hat) oder als Ersatz dafür ein Kind. Zur Lösung des Ödipuskomplexes identifiziert das Mädchen sich in der heterosexuellen Entwicklung[70] mit der Mutter und macht den Vater/den Mann zum endgültigen Liebesobjekt. Daraus bezieht es ihr endgültiges Gefühl der Weiblichkeit.

Offenbar hatte Freud mit dieser Sichtweise die Beziehung zur präödipalen Mutter als Ursprung der weiblichen Sexualität und positives weibliches Vorbild unterschätzt. Allerdings gab er zu, dass die weibliche Entwicklung sich ohne die Bindung an die präödipale Mutter nicht verstehen lasse.

Den Angelpunkt seiner Auffassung der weiblichen Pubertät und der Stabilisierung der weiblichen Geschlechtsidentität ist die These, dass in der Pubertät die Vagina als erogenes Organ entdeckt wird und ein Wechsel der weiblichen genitalen Leitzone von der Klitoris zur Vagina stattfindet. Unklar ist, warum er diesen Schritt als »Rückbildung«[71] bezeichnete.

---

69 Freud S (1933), S. 119–146
70 zur homosexuellen Entwicklung ▶ 5. Vorlesung
71 Freud (1905), S. 122

Neuere Anschauungen zur weiblichen Sexualität

Freuds Auffassungen der weiblichen Sexualität markieren ein phallozentriertes Menschenbild, das ganz im Einklang mit der patriarchalen Gesellschaftsordnung seiner Zeit stand. Man kann auch sagen, seine Theorie ist ein realistisches Abbild des Frauseins in seiner Zeit. Sie entsprach dem Frauenbild des ausgehenden 19. Jahrhunderts und dem Wissensstand der damaligen (übrigens ebenfalls männergeleiteten) Embryologie. Mit den Ideen der aufkommenden emanzipatorischen Frauenbewegung war sie aber schon damals nicht vereinbar.

Modernen Befunden halten diese Auffassungen jedenfalls nicht stand[72].

Man geht heute davon aus, dass die beiden am weiblichen Orgasmus beteiligten Organe – Klitoris und Vagina – eine eigenständige Form der lustvollen Sexualität hervorrufen, die sich von der bei Männern unterscheidet. Dabei wird die Klitoris nicht als verkümmerter Penis sondern als aktives, lustspendendes genuin weibliches Sexualorgan betrachtet.

Von Anhängerinnen wie Marie Bonaparte und Helene Deutsch wurde Freuds Auffassung bestärkt. Sie bestritten vor allem die Bedeutung, die der Klitoris als genuin weibliches Sexualorgan zugemessen wurde, und argumentierten – daran anknüpfend – gegen die Annahme einer weiblichen Sexualentwicklung, die nicht an männlichen Parametern orientiert ist. Deutsch nannte die Klitoris schlicht überflüssig und für die Entwicklung der Frau hemmend.[73] Bonaparte sprach vom »kleinen Phallus«, der vergänglich sei.[74]

Die Gegenposition vertrat die Schule um Melanie Klein, unterstützt von Ernest Jones, einem engen Vertrauten von Sigmund Freud, der den Ideen von Melanie Klein offen gegenüberstand. Klein entwarf ganz eigenständige Ideen über den Penisneid und die Kastrationsangst.[75] Dabei sei der Penis weniger Gegenstand des Neides als ein Triebobjekt, welches das kleine Mädchen der Mutter wegnehmen will, indem es ihr Körperinneres angreift. Jones betrachtete die Klitoris als integralen Teil des weiblichen

---

72 Mitscherlich-Nielsen M (1976)
73 Deutsch H (1925)
74 Bonaparte M (1949)
75 Klein M (1928)

Genitals.[76] Seiner Ansicht nach entwickelt sich die Weiblichkeit eigenständig aus dem Antrieb einer triebhaften Konstitution, welche das kleine Mädchen zum Vater hinzieht. Letztlich nahmen beide, Jones und Klein, eine primäre weibliche Konstitution an. Damit gingen sie von einer biologischen Grundlage der weiblichen Sexualität aus.

Es war aber besonders die Hamburger Psychoanalytikerin Karen Horney (▶ Abb. 2.2), die später in die USA emigrierte und sich dort mit Erich Fromm, einem Freud-Kritiker, zusammentat, die sich Freuds Vorstellung von der weiblichen Entwicklung bereits in den 1920er Jahren energisch entgegenstellte.

Abb. 2.2: Karen Horney (1885–1952) trat energisch Freuds Theorie der defizienten Weiblichkeit entgegen. In ihrem Buch »Die Psychologie der Frau« entwickelte sie eine eigene Theorie der Weiblichkeit. Sie war übrigens – für unser Thema bedeutungsvoll – die erste Frau, die in Deutschland Medizin studiert hat (© akg-images).

---

76 Jones E (1933)

Die Provokation bestand für die Gegner/innen darin, dass Freud sein Konzept des phallischen Monismus, das er aus der Psychopathologie von neurotischen Männern abgeleitet hatte, als Modell der normalen weiblichen Entwicklung festschrieb und den männlichen Phallus zum Maß auch der weiblichen Psyche machte. Er hatte die Libido ausdrücklich als männlich definiert[77] und die Möglichkeit einer eigenständigen weiblichen Entwicklung damit von Anfang an ausgeschlossen.

Dem setzte Karen Horney in ihrer *Psychologie der Frau*[78] eine Theorie der primären Weiblichkeit entgegen. Sie ging von einer angeborenen Heterosexualität aus und vermutete eine genetisch präformierte weibliche Geschlechterrolle. Danach besteht von Anfang an ein Wissen um die Weiblichkeit und eine unbewusste Ahnung von der Existenz der inneren Geschlechtsorgane Klitoris und Vagina. Dem zufolge ist auch der Kinderwunsch kein Substitut eines Penisneides, wie Freud glaubte, sondern ein primärer Triebwunsch, der im Unbewussten verankert ist.

Den Penisneid, den Freud in das Zentrum der weiblichen Entwicklung gerückt hatte, erklärte sie durch reale anatomische Benachteiligungen des Mädchens gegenüber Jungen in Bezug auf die Harnerotik, die Zeigelust und die Onanie. Ähnlich kritisch sah sie auch den Ödipuskomplex, der sich empirisch nicht nachvollziehen lasse. Auch den Kastrationskomplex verstand sie völlig anders als Freud. Sie sah darin eine starke Vateridentifizierung sowie Männlichkeitswünsche erwachsener Frauen. Diese seien aber nicht infantil, sondern realen Benachteiligungen geschuldet, also eine sekundäre Bildung.[79]

Zur zeitgemäßen Diskussion um die weibliche Sexualität

Nachdem die Kontroverse um die weibliche Sexualität in den 1930er Jahren verebbt war, begann sie um 1960 mit dem Aufleben der sog. zweiten Frauenbewegung von neuem. Es entstanden neue Ideen, in denen

---

77 Freud S (1905)
78 Horney K (1967)
79 Horney K (1923)

sich die Veränderungen der Psychoanalyse durch die Objektbeziehungs- und Selbstpsychologie niederschlagen. Wie wir bereits gehört haben (▶ 1. Vorlesung), wird die sexuelle Entwicklung heute in enger Verschränkung mit der Entwicklung des Selbst und der Identität gesehen, was in das Konzept eines sexuellen Selbst mündet. Die Betrachtung geht heute zudem vornehmlich von den Objektbeziehungen aus, in die die Entwicklung der Sexualität eingebettet ist. Das Thema der psychophysiologischen Reifung von Frauen blieb hingegen randständig[80]. Aspekte der Triebentwicklung rücken dabei mehr und mehr in den Hintergrund, während intersubjektive Prozesse, wie zum Beispiel bei Jessica Benjamin[81], an Bedeutung gewinnen.

Mit der Unterscheidung zwischen Sex und Gender wurden die gesellschaftlichen Einflüsse auf die weibliche Entwicklung und die gesellschaftliche Position der Frauen in das Zentrum der Diskussionen gerückt. Dabei traten sozial- und kulturwissenschaftliche Argumente in den Vordergrund. Die Genderforschung hat nachgewiesen, dass Geschlechterverhältnisse nicht einfach natürlich vorgegeben sind, sondern im Zuge sozialer und historischer Entwicklungen entstehen. Sie beschreibt Unterdrückungsprozesse und Machtverhältnisse, die Frauen nach wie vor benachteiligen. Die anfänglich mit viel Interesse aufgenommene Idee eines soziokulturell bestimmten Gender geriet neuerdings aber auch in die Kritik.[82]

Daneben gab es Versuche, Freuds Sexualtheorie rückblickend aus seiner Biografie und dem Zeitgeist der Entstehungszeit heraus zu erörtern.[83] So hat Christa Rohde-Dachser[84] in einer umfangreichen Studie über Weiblichkeit im Diskurs der Psychoanalyse gezeigt, dass Freuds patriarchalische Geschlechterideologie dem Diskurs nach wie vor immanent ist. Dieser wird von kollektiven unbewussten und bewussten Phantasien getragen, in

---

80 Eine Ausnahme findet sich bei Mitscherlich M (1976)
81 Benjamin J (1988)
82 Schutzbach (2018). Gerechtigkeit zum Nulltarif? Worum es bei Anti-Feminismus und Gender-Kritik geht. Zugriff unter: www.gwi-boell.de/de/2018/02/16/gerechtigkeit-zum-nulltarif-worum-es-bei-anti-feminismus-und-gender-kritik-geht [04.12.2018]
83 z. B. Bothe B und Heigl-Evers A (1996), Salber L (2006)
84 Rohde-Dachser C (1991)

denen das Fundament der patriarchalischen Gesellschaft weiterhin wirksam ist.

3. Vorlesung
Sexualität in der Psychotherapie

Das Verblassen der Sexualität in der Theorie

In der Theorie der Psychoanalyse ist die Vorrangstellung der Sexualität im Laufe der Jahrzehnte verblasst. Unter dem Einfluss von Heinz Hartmanns Ichpsychologie verschob sich der Schwerpunkt des Interesses in den 1930er Jahren auf die konfliktfreien Bereiche jenseits der Triebpsychologie. Die Verarbeitung wurde wichtiger als die Inhalte. So präsentierte die Psychoanalyse sich nach der Emigration ins konservative Amerika unter der Führung der Ichpsychologie in den USA als unanstößig und vermied die Thematisierung des Sexuellen. Damit verlor sie dort allerdings auch ihren skandalösen Ansatz, gesellschaftliche Prozesse vor dem Hintergrund einer infantilen Sexualentwicklung zu erforschen.

Als im London der 1930er und 40er Jahre die Objektbeziehungstheorie Einfluss gewann, rückten vermehrt die Beziehungsphantasien an die Stelle von Triebwünschen. Außerdem wandten die Behandlungen sich immer stärker den frühen Phasen der präödipalen Entwicklung zu. Diese wurden – trotz der Konstruktion des frühen Ödipuskomplexes durch Melanie Klein[85] – als weitgehend präsexuell interpretiert. Das eigentlich Sexuelle verschwand aus dem Blickfeld. Mit den neuen Narzissmuskonzepten scheint es dann völlig an Bedeutung verloren zu haben. So sprach Paul Parin[86] von der »Verflüchtigung« des Sexuellen in der Psychoanalyse.

---

85 Klein M (1928)
86 Parin P (1986)

Sexualität als Thema in der Behandlung

In den letzten Jahren erfährt das Thema Sexualität wieder verstärkt Aufmerksamkeit. Das liegt an der Zunahme von Patientinnen mit sexuellen Missbrauchserfahrungen und neuerdings von Menschen mit Problemen im Zusammenhang mit ihrer sexuellen Identität in der psychotherapeutischen Praxis. Dennoch überrascht es immer wieder, wenn man darauf aufmerksam wird, wie selten Details der sexuellen Intimität in Behandlungen offengelegt werden. Dabei geben die sexuellen Aktivitäten, vor allem aber die begleitenden und die nicht gelebten Phantasien, Aufschluss über basale Muster des inneren Erlebens, die es in der Behandlung zu erkunden gilt. Man erfährt ohne gezielte Nachfrage wenig über konkret gelebte Sexualität, über Praktiken und Phantasien, Wünsche und Ängste. Zumeist wird – wenn überhaupt – sehr allgemein und vage von »sexuellen Problemen« gesprochen. Ich bin auch überrascht, wie selten Sexualität und Erotik in den Dialogen auftauchen, die in der Supervision vorgestellt werden.

Ein möglicher Grund dafür ist die geringe Aufmerksamkeit dafür in der psychotherapeutischen Ausbildung. Seminare über Sexualität sind heute eine Seltenheit. Es mag vor allem aber daran liegen, dass wenig Bedarf an spezifisch sexuellen Themen gesehen wird, weil Patienten heute kaum wegen Sexualstörungen zum analytischen oder tiefenpsychologischen Psychotherapeuten gehen; dafür gibt es mit der Sexualtherapie und womöglich mit der Verhaltenstherapie inzwischen populärere Verfahren. So habe ich es auch verstanden, dass ich als Psychotherapiegutachter im gesamten Jahrgang 2017 nur eine einzige psychoanalytisch orientierte Behandlung zu begutachten hatte, die dezidiert wegen einer Sexualstörung beantragt worden war.

Es scheint auch so zu sein, dass das Sexuelle als Krankheitsfaktor in der Wahrnehmung und im Denken vieler Therapeutinnen und Therapeuten keinen vorrangigen Platz mehr hat. Um das näher zu ergründen, habe ich im Rahmen meiner Praxis als Psychotherapiegutachter 100 Behandlungsberichte auswerten lassen. Das Ergebnis zeigt, dass die explizite Erwähnung der Sexualität in den 50 Erst- und Umwandlungsanträgen als Symptomatik, Diagnose, in der Lebensgeschichte und in der Psychodynamik gar nicht so selten vorkam wie erwartet. Als positive Befunde wurden allerdings relativ weit gefasste Formulierungen gewertet (▶ Tab. 3.1). In der Diagnose und im Behandlungsplan, also als Anliegen der Patienten oder Zielsetzung der Therapeuten, kam sie allerdings nur bei dem einen erwähnten Fall vor. Bei den 50 Fortführungsanträgen tauchte Sexualität als Thema im zwischenzeitlichen Verlauf immerhin bei einem Viertel der Fälle (13 von 50) auf.

Tab. 3.1: Vorkommen des Themas »Sexualität« in N = 100 Psychotherapieberichten des Berichtsjahres 2018 im Rahmen des Gutachterverfahrens[87]

	Häufigkeit	Beispielformulierung
Erstanträge N = 50		
Symptomatik	18	»Lustlosigkeit«
Diagnose	1	»Sexuelle Störung«
Biografie	22	»Der Vater hatte viele flüchtige Frauengeschichten«
Psychodynamik	7	»Wurde vom Vater in ihren inzestuösen Bedürfnissen nicht genügend bestätigt«
Behandlungsplan	1	»Sexuelle Phantasien durcharbeiten«
Fortführungsanträge N = 50		
Verlauf	13	»Kränkungen, weil ihr Freund beim Sex schlanke Frauen bevorzugte«
Behandlungsplan	5	»Die sexuellen Beziehungen zu entlasten«

Nun ist es aber sicherlich nicht so, dass die Sexualität im gelebten Leben der Patienten und in den psychischen Störungen, mit denen sie kommen, eine untergeordnete Rolle spielt. Meistens werden sexuelle Probleme und Symptome von den Patienten aber nicht in das Zentrum gerückt, sondern als Nebenbefund erhoben und in das Krankheitsbild der Depression oder einer Somatisierungsstörung eingeordnet. Die Sexualität erscheint dabei nicht als eigene Kategorie in der Darstellung. Sie wird im Allgemeinen in

---

[87] Mein Dank für die Auswertung gilt Dr. W. J. Stauten.

einem breiteren entwicklungspsychologischen Kontext gesehen, der auf Beziehungserfahrungen ausgerichtet ist.

Die Auffassung, dass Sexualität als konstitutives Element der Neurosen- und Entwicklungspathologie keinen angemessenen Raum hat, erscheint mir daher nicht zutreffend. Richtig ist es aber zu sagen, dass Sexualität heute nicht mehr als eigenständige und vorrangige motivationale Größe im Verständnis und in der Behandlung psychischer Störungen betrachtet wird.

Die vergleichsweise seltene Offenlegung der sexuellen Intimität in Behandlungen scheint durch verschiedene Faktoren begründet zu sein. Allen voran die Scheu, den Therapeuten an höchst intimen Seiten des Innenlebens teilhaben zu lassen. Im psychoanalytischen Verständnis sieht man darin einen Widerstand, zumal einen Übertragungswiderstand im Dienst der Beziehungsregulation. Das Gespräch über Sexualität ist außerdem auch heute noch mit Scham verbunden, als seien sexuelle Probleme ein Makel und das Eingeständnis von Lust oder Unlust eine Entblößung gegenüber dem Behandler.

Das Sexuelle in der Behandlungssituation

Als sublime Erotik zwischen Patienten und ihren Therapeuten stellt das Sexuelle in Behandlungen ein entscheidendes Element dar. Um nicht missverstanden zu werden: Es geht hier nicht um sexuelles Begehren und Handeln. Es geht um die Präsenz des Sexuellen als absichtslose Sinnlichkeit. Sie ist die Voraussetzung dafür, dass man sich als sexuelles Wesen gesehen fühlt und ein sexuelles Selbst sich entfalten kann.

Die Psychoanalyse hat sich von Anfang an mit der Erotik in der therapeutischen Praxis schwergetan.[88] Um 1910 hat Freud die Gestaltung der

---

88 Krutzenbichler HS u. Esser H (2010); Otscheret L (2004)

psychoanalytischen Situation als Reaktion auf die Jung-Spielrein-Affäre[89] durch die Forderung einer strikten sexuellen Abstinenz[90] reglementiert. Der Hintergrund war Freuds Sorge um den Ruf und das Ansehen der Psychoanalyse in der allgemeinen und speziell in der fachlichen Öffentlichkeit. Die *Abstinenzregel* ist im Sinne der Versagung sexueller und narzisstischer Bedürfnisse seither tief in das analytische Überich eingeschrieben. Sie umfasste im klassischen Sinne auch Mitteilungen aus der Privatsphäre. Im Laufe der Zeit ist sie in Richtung einer Art von generellem Berührungstabu ausgeweitet worden. In dieser Form hat sie das Bild der Psychoanalyse in der Öffentlichkeit geprägt, wenngleich sie unter dem Einfluss des intersubjektiven Denkens heute ihre Strenge verloren hat.

Erst im Laufe der Zeit erkannte man, dass eine abstinente therapeutische Haltung mehr bewirkt als den Schutz der Patienten. Es werden dadurch innere Prozesse, nämlich die Regression und die Übertragungsdynamik, in Gang gesetzt, aufrechterhalten und der Bearbeitung zugänglich. Die Abstinenz erfuhr somit nachträglich eine behandlungstechnische Begründung und wurde zu einem Markstein der psychoanalytischen Identität.[91]

Unter diesem Verdikt ist es nur mühsam gelungen, eine Kultur eines sachgerechten, annehmenden Umgangs mit dem Sexuellen in der therapeutischen Beziehung zu schaffen. Anstelle einer Lebendigkeit, die von sublimer Erotik getragen wird, herrschte bis in die 1970er Jahre in vielen Behandlungen eine sterile und unerotische Atmosphäre. Sie würde nicht mehr unseren heutigen Ansprüchen genügen. Denn wir wissen heute: Der Anstoß für die Entwicklung einer lustvollen Beziehung zum eigenen Selbst, zum Körper und zur Sexualität liegt in den Erfahrungen in frühen Beziehungen. Die Psychotherapie sollte Defizite in diesem Bereich durch implizite Beziehungserfahrungen ausgleichen.

Das Sexuelle muss in der therapeutischen Beziehung seinen Platz haben, und die Erotik, die von Patienten ausgeht, sollte gehalten und reflektiert

---

89 Sabina Spielrein war eine Patientin von Carl Gustav Jung; zwischen beiden entwickelte sich während der Analyse eine Affäre, was Freud veranlasste, vom Psychoanalytiker strikte Abstinenz zu verlangen.
90 Freud S (1915a)
91 Körner J u. Rosin U (1985)

werden.[92] Dadurch können Defizite in den frühen Spiegelungsprozessen ausgeglichen und die Nachreifung des sexuellen Selbst angeregt werden. Das bedeutet, dass wir uns als Therapeuten in unserer inneren Haltung beim Aufspüren unserer Gegenübertragung auf das Begehren einlassen, das sich in der Behandlung entwickelt, und dieses in uns verarbeiten. Durch ein spielerisches Nachspüren werden Phantasien und Affekte offenbar, welche durch erotische Inszenierungen hervorgerufen werden. Das Ziel besteht darin, die Erotik durch eine annehmende Haltung zu bestätigen und zugleich durch die Versagung konkreter sexueller Befriedigung die Erfahrung sicherer Grenzen zu vermitteln.[93]

Monika

Ich denke zur Verdeutlichung an eine sehr ernste und freudlose junge Analysandin, die mit einer sehr kontrollierten Haltung durch das Leben ging und sich jede Sinnlichkeit verbot. Sie gestaltete auch die Sitzungen sehr kontrolliert. Das machte mich zunehmend müde. Manchmal fühlte ich mich wie betäubt. Nur langsam gelang es mir, indem ich eine gewisse Langeweile überwunden hatte und mich auf eigene Phantasien einließ, hinter ihre nach außen gezeigte Sauberkeit und Ordentlichkeit zu schauen. Einmal kam mir in der Erinnerung das Bild einer kleinen Freundin aus meiner Kindergartenzeit, Monika. Ich sah sie vor mir, wie sie am Rande unseres Spielplatzes mit Lust und Wonne in einer Wasserpfütze rührte und den Lehm verschmierte.

Es war gerade passend, meiner Analysandin von dem Bild zu erzählen. Sie schmunzelte und fand den Begriff »kleiner Schmutzfink«. Dem spürten wir nach – zunächst zögernd, dann mit wachsender Freude, indem wir nun beide dazu Einfälle äußerten. Irgendwann sprach ich ein Wort meiner Kindheit aus: »Klackamatsche«. So hatten wir den Matsch genannt, mit dem wir uns gelegentlich beschmierten. Sie lachte hell auf und fand Gefallen an dem Wort. So gelangten wir nach und nach in Kontakt mit dem kleinen Schmutzfinken in ihr, der sich im Laufe der

---

92 Pfannschmidt H (1997)
93 Quindeau I (2014), Abschnitt »Sexualität und Psychotherapie«

Zeit als ausgewachsene sinnliche Frau entpuppte, die nun auch die Lust an ihrem Begehren entdeckte.

Dieser Prozess erfordert eine sehr persönliche Atmosphäre, die erst im Laufe der Behandlung geschaffen werden muss. Dazu trägt ein zugewandtes wohlwollendes Auftreten bei, in dem wir als Therapeuten uns auch in unserer Persönlichkeit zeigen. Entscheidend ist die Bereitschaft, uns von unseren Patienten mit Worten und Gesten gleichsam zum Spielen mit der Erotik verführen zu lassen und diese Bereitschaft auch in den Patienten zu erzeugen.[94] Das wird meistens als Enactment, Inszenierung, szenisches Agieren oder als Mitagieren bezeichnet[95]. Darin sieht man heute nicht mehr einen defensiven Akt des Widerstandes, sondern eine schöpferische Gestaltung aus dem intersubjektiven Unbewussten.

Auf diese Weise kommt das Sexuelle als sublime Erotik und Körperlichkeit in die therapeutische Beziehung. Sie äußert sich in Empfindungen und Phantasien, in der Atmosphäre der Stunden und natürlich auch in den Interventionen. Ich halte es für einen bedeutenden Schritt, wenn es in einer Behandlung gelingt, die verborgene Erotik in der therapeutischen Beziehung ausfindig zu machen und damit zu »spielen«.[96]

Das erfordert eine gelegentlich mühsame Arbeit an der Gegenübertragung, vor allem bei der Behandlung von Menschen, die anfangs nicht besonders anziehend erscheinen. Doch so, wie für jede Mutter das eigene Kind immer auch ein schönes Kind ist, ist es in solchen Fällen möglich, die verborgene »Schönheit« seiner Patienten, nämlich ihre Einzigartigkeit zu entdecken. Diese Dimension der Beziehung ist gemeint, wenn wir von Erotik in der Behandlung sprechen. Ich denke dabei an Sandor Ferenczi, dessen klinisches Tagebuch von 1928[97] in Anspielung auf diese Beziehungsdimension den Titel trägt »*Ohne Sympathie keine Heilung*«.

Bis heute ist es umstritten, ob dabei körperliche Berührungen stattfinden können. Die Auffassungen dazu sind inzwischen etwas lockerer als

---

94 Grunert J (1989)
95 Ermann M (2016)
96 Pfannschmidt H (1997) spricht vom erotisch-sexuellen Spielraum in der Behandlung. Zum »Spielen mit dem Material« vgl. auch Ermann M (2016)
97 Ferenczi F (1928)

früher. Es gilt allerdings nach wie vor das Gebot, das explizit sexuelle Handlungen in der Psychotherapie strikt untersagt. Es dient dem beidseitigen Schutz vor den unabsehbaren Folgen sexueller Kontakte für alle Beteiligten und ist ja auch juristisch verankert. Unabhängig davon werden sich die meisten Analytiker und Therapeuten auch nichtsexuelle körperliche Berührungen versagen. Meistens wird das damit begründet, dass selbst wohlgemeinte Handlungen von den Patienten als An- und Übergriff erlebt werden und die Beziehung zu zerstören vermögen. Zudem wird die Gefahr der Sexualisierung beschworen. Damit meint man die Abwehr zumeist präödipaler Beziehungswünsche, indem diese in ein sexuelles Gewand gehüllt und ausagiert werden.

Anna

Ich denke zum Beispiel an eine Patientin, die ihren Autonomie-Abhängigkeits-Konflikt durch ein betont werbendes Verhalten abwehrte. Sie trat bisweilen distanzlos und provokativ verführerisch auf, kleidete sich aufreizend und rief in mir den Impuls hervor, mit ihr zu flirten. Hier diente die Sexualisierung dazu, mich zu kontrollieren, an sich zu binden und den Konflikt dadurch zu vermeiden.

Unabhängig davon halte ich absichtliche Berührungen für kein probates Mittel in einer analytischen Behandlung. Sie würden das Arbeitsbündnis sprengen. Dieses beruht auf der Vereinbarung, dass in der Behandlung alles mitgeteilt werden kann, was sich im Bereich von Einfällen, Vorstellungen und Phantasien bewegt. Dabei gilt die Grenze zwischen Mitteilung des spontanen Einfalls und realer Handlung.

Es mag gelegentlich begründete Ausnahmen davon geben. So kann man einem verzweifelten Menschen, wenn er darum bittet oder wenn er auf Nachfrage zustimmt, auch einmal tröstend die Hand halten oder ihm seine Hand auf die Schulter legen. Aber wenn wir den Raum eines sicheren Arbeitsbündnisses verlassen, betreten wir immer einen ungeschützten Raum, in dem alles möglich ist. Das führt die Analyse *ad absurdum* und in Verstrickungen, die später womöglich nicht wieder aufgelöst werden können.

Übertragungsliebe

Ein zentrales Thema des Sexuellen in der psychoanalytischen Situation ist die Übertragungsliebe.[98] Darunter verstehen wir eine heftige Verliebtheit in der therapeutischen Beziehung. Sie wird zum Problem, wenn sie nicht mehr reflektiert wird und schwer kontrollierbare regressive Prozesse entstehen, in denen ganz offen und drängend konkrete Befriedigung des erotischen und sexuellen Begehrens gefordert wird. Dann sprechen wir – in Abgrenzung von der unanstößigen – von einer *malignen Übertragungsliebe*[99]. In besonders schwierigen Fällen kann die Behandlung daran scheitern. Das ist vor allem dann der Fall, wenn Therapeuten die Kontrolle über ihre Gegenübertragung verlieren und auf die Forderungen nach sexueller Befriedigung eingehen. Die Behandlung »scheitert dann auf der Couch«.[100]

Was sind Sinn und Bedeutung dieser destruktiven Prozesse? Traditionell sah man in der malignen Übertragungsliebe eine Wiederholung alter Beziehungsmuster und einen Widerstand dagegen, in der aktuellen Beziehung mit den schmerzlichen Gefühlen aus der Vergangenheit in Berührung zu kommen[101]. Die Sexualität ist dabei nicht das eigentliche Motiv. Meistens ist sie das Gewand, in welches eine enttäuschte und schmerzhafte Beziehungssehnsucht zur Abwehr eingekleidet wird. Wir sprechen von Sexualisierung.

Dabei kann zum Beispiel eine ungestillte Sehnsucht nach Sicherheit, Geborgenheit und Versorgung, eine narzisstische Größenphantasie oder ein infantiles ödipales Begehren sexualisiert werden. In den meisten Fällen werden damit allerdings traumatische Erfahrungen, bedrohlich erlebte Abhängigkeitswünsche und die Angst davor abgewehrt und durch Sexualisierung in Szene gesetzt. Jedenfalls ist es für das Verständnis der malignen Übertragungsliebe hilfreich, eine Dynamik jenseits des Sexuellen in Betracht zu ziehen.

In Abgrenzung von dieser Dynamik ist die nicht-maligne Übertragungsliebe ein kreatives Element in der psychotherapeutischen Behand-

---

98 Übersicht bei Krutzenbichler HS u. Essers H (2012)
99 in Anlehnung von Balint M (1968)
100 Heyne C (1991)
101 Freud S (1915a)

lung und ein reparativer Schritt. Er dient der Loslösung aus frustrierenden verinnerlichten Beziehungen. Diese Übertragungsliebe ist ein Ausdruck erwachender Beziehungssehnsucht und ist, wenn sie beherrscht und verstanden werden kann, ein Schlüssel zur Veränderung. Sie kann traumatischen Erfahrungen der Kindheit eine neue Erfahrung mit dem Analytiker entgegensetzen – nämlich die Erfahrung der Anerkennung des sexuellen Selbst und der des Containments abgespaltener Selbstanteile – und verweist auf einen Neuanfang und eine bessere Zukunft.

Im heutigen intersubjektiven Verständnis wird die Übertragungsliebe als eine gemeinsame Schöpfung betrachtet, die gewissermaßen als Drittes zwischen Patienten und Therapeuten entsteht.[102] Darin geht das Psychische der beiden Beteiligten ein: Beide übertragen ihr unbewusstes Begehren, und beide entwickeln eine Gegenübertragung auf das Begehren des Anderen. Dabei wirken Projektionen und Identifikationen aus dem Irrationalen zusammen. Es sind aber auch reale Interaktionen und Eigenschaften daran beteiligt.

Was folgt daraus? Es folgt, dass die Übertragungsliebe als *normale Liebe in einem besonderen Kontext* zu verstehen ist, nämlich im Kontext der analytischen Situation mit ihren Begrenzungen.[103] Nicht die Übertragungsliebe ist eine Gefahr, sondern das Missverständnis, sie als reife Liebe zu behandeln. Wenn das geschieht, kann aus einer unanstößigen eine maligne Übertragungsliebe werden, welche die Behandlung bedroht und am Ende zerstört.

Übertragungsliebe ist nicht zwangsläufig etwas Pathologisches. Wenn sie als kreative Schöpfung aus dem Unbewussten im therapeutischen Reifungsprozess verstanden wird, bildet sie in der therapeutischen Beziehung ein positives Element, das die Transformation maligner infantiler Beziehungserfahrungen in erfüllendes erwachsenes Erleben fördert. Diese Transformation ist ohne Erotik in der Behandlung unmöglich. Freud hatte das wohl im Sinn, als er davon sprach, die milde positive Übertragung müsse nicht gedeutet werden, sondern sei ein Vehikel für den Behand-

---

102 Benjamin J (1988)
103 Freud S (1915a), S. 317

lungserfolg. In diesem Sinne ist auch das Konzept der »unanstößigen Liebesübertragung«[104] zu verstehen.

Das wiederum bedeutet, dass wir die Erotik zwischen uns und unseren Patientinnen anerkennen und sich entwickeln lassen. Es bedeutet weiter, dass wir sie offenlegen, Grenzen wahren und vor allem die Enttäuschung ins Auge fassen und bearbeiten, die darüber entsteht, dass wir das Verlangen als solches nicht befriedigen und selbst über die Begrenzungen wachen, die das Arbeitsbündnis uns vorgibt. Auf diese Weise machen wir unseren Patienten ein neues Beziehungsangebot, in welchem die Beziehung gestärkt wird und zugleich die Autonomie gewahrt bleibt. Dadurch kann die Übertragungsliebe, die zunächst bedrohlich und überwältigend war, einen sicheren Platz in den Beziehungen finden.

Grenzverletzungen

Ich will abschließen mit einer Bemerkung zu den *sexuellen Grenzverletzungen*, die leider immer wieder in Behandlungen vorkommen. In ihnen zeigt sich, dass beide Beteiligte unbewusst einigen schmerzhaften und insbesondere traumatischen Verletzungen ihres Selbst durch eine Sexualisierung ausweichen. Dabei denke ich nicht nur an erotische Übergriffe und sexuellen Missbrauch, sondern auch an Erfahrungen von überwältigender Einsamkeit und Verzweiflung, an Gefühle der Ohnmacht und des Selbstverlusts. Statt sich der unaussprechlichen Not zu stellen, die dahinter liegt, scheinen sie gemeinsam in eine phantastische Verschmelzung und eine erregende Glückseligkeit zu verfallen. Damit wird der Behandlungsraum zerstört. Er wird zu einer Fluchtburg, die vor der Erinnerung schützt, statt sie zu bewältigen.

---

104 Schmithüsen G (2012)

Sexualstörungen und ihre analytische Behandlung

Störungen befriedigender Sexualität

Befriedigende Sexualität ist eine Basis für Lebenszufriedenheit und Glück. Sie setzt ein stabiles Selbstwertgefühl voraus, Abgegrenztheit, eine positive Einstellung zu den eigenen Bedürfnissen, zum eigenen Körper sowie Interesse und Wertschätzung am Anderen. Maßgebliche Bedeutung hat dabei eine positive Einstellung zu der persönlichen Art der Sexualität: zu Vorlieben, Techniken und zum gemeinsamen Genuss.

Diese Einstellungen werden durch sinnliche Erfahrungen und interaktionelle Botschaften in den prägenden Beziehungen der Kindheit vermittelt. Dabei spielen die gesellschaftlichen Normen eine bedeutsame Rolle, die von den Eltern und anderen Beziehungspersonen vertreten wurden und verinnerlicht worden sind. Leitend sind gesellschaftliche Vorstellungen von einer »normalen Sexualität«. Dadurch wird die individuelle Gestaltung des Sexuallebens kontrolliert. Abweichungen werden mehr oder weniger stark tabuisiert und sanktioniert und können schuldhaft verarbeitet werden.

Entscheidend für die Organisation einer befriedigenden Sexualität ist aber, ob man ein Selbstwertgefühl als sexueller Mensch entwickelt hat. Das geschieht im Spiegel der Anderen, d. h. durch die Erfahrung, als sexuelles Wesen gesehen und wertgeschätzt und in seiner sexuellen Eigenart bestätigt oder zumindest belassen zu werden. Daneben beruht eine positive Sexualität auf inneren Bildern und Phantasien, die sich aus Identifikationen mit Vorbildern ergeben.

Über die Triebbefriedigung hinaus wird die Sexualität auf diese Weise zur Grundlage von befriedigenden und beglückenden Beziehungen, in denen Inbesitznahme und Hingabe, Eindringen und Aufnehmen zum zentralen Thema wird. Dafür hat Otto Kernberg[105] einige Eigenschaften

---

105 Kernberg O (1994)

beschrieben, die im Begehren aktiv werden und den sexuellen Akt tragen (▶ Kasten 6).

> **Kasten 6: Merkmale befriedigender Sexualität (nach Kernberg 1994)**
>
> - Die Lust am Anderen mit dem Verlangen zur Vereinigung, wobei aktives und passives Begehren nicht getrennt sein müssen,
> - die Befriedigung an der Lust des Anderen, die unabhängig vom Geschlecht sein kann,
> - das Hinwegsetzen über Verbote, insbesondere solchen aus der ödipalen Überich-Entwicklung,
> - die Überschreitung der Grenze zum Anderen, verbunden mit der Lust an der Aggression.

Im Prozess seiner Zähmung ist das Sexuelle vielfältigen Konflikten ausgesetzt. Diese Konflikte wurzeln zumeist in Fixierungen der sexuellen Entwicklung, zumal der Triebentwicklung, aber auch in Beziehungskonflikten und jenen um die Entwicklung des Narzissmus bzw. des Selbst. So wird die Sexualität häufig konflikthaft organisiert und das Begehren kontaminiert. Diese Konflikte bilden die Basis, aus der sexuelle Probleme und Störungen erwachsen. Es kann nicht verwundern, dass sie zu den häufigsten Störungen des Menschen gehören, die einen psychosozialen Ursprung haben.

Was sind psychogene Sexualstörungen?

Es gibt eine Vielzahl von Beeinträchtigungen des sexuellen Erlebens und Verhaltens, die mit Leidensdruck verbunden sind. Hier beschäftigen uns die Störungen sexueller Funktionen auf seelischer Grundlage. Dafür gibt es viele synonyme Bezeichnungen: Ich spreche von *psychogenen Sexualstörungen*, wenn die Sexualstörung im Zentrum des Krankheitsbildes und des Behandlungsanliegens der Patienten steht. Früher sprach man auch einfach von Sexualneurosen. Damit wurde der konflikthafte Ursprung hervorgehoben. Seit man in der Psychiatrie den Begriff Neurosen wegen seiner theoretischen Implikationen vermeidet, wählt man theorieneutrale Begriffe und spricht von nichtorganischen sexuellen Funktionsstörungen oder von sexueller Dysfunktion.

Sexualstörungen können monosymptomatisch auftreten, z. B. als Ejakulationsstörung, oder in verschiedene psychische und psychosomatische Begleitsymptome eingebettet sein und ein multiformes Krankheitsbild bieten. Außerdem wird die unbefriedigende Sexualität als Misserfolg und Schwäche erlebt, die auf das Selbstwertgefühl zurückwirkt und vornehmlich Depressionen hervorruft.

Ulrich

U. war ein junger Student, der Anfang zwanzig wegen depressiver Verstimmungen in die Therapie zu einer Kollegin kam. Die Verstimmungen waren aufgetreten, nachdem er zum Studium in eine fremde Stadt gezogen war und dort recht bald eine Beziehung zu einer Studentin begonnen hatte. Es zeigte sich rasch, dass seine Verstimmungen auch damit zu tun hatten, dass der von beiden gewünschte Geschlechtsverkehr nicht gelang: Er hatte nach kurzer Erregung eine vorzeitige Ejakulation, so dass er nicht in seine Freundin eindringen konnte.

Ulrich hatte bis dahin wenig Erfahrungen mit Frauen und stets nur kurze Beziehungen gehabt, in denen es sexuell aber keine Probleme gab. Jetzt war er aus der Wohnung ausgezogen, die er bis dahin nach der Trennung der Eltern mit seiner Mutter geteilt hatte. Er hatte nach einer Lehre ein technisches Studium begonnen und zum ersten Mal eine »ernsthafte« Beziehung.

Seine Therapeutin sah als Kern der Psychodynamik und Behandlungsfokus Schuldgefühle angesichts der Ablösung aus seiner sehr ambivalenten Mutterbindung. Sie diagnostizierte eine depressive Störung bei einem Autonomie-Abhängigkeits-Konflikt auf mittlerem Strukturniveau, erwähnte aber auch die psychogene Sexualstörung (Ejaculatio praecox). Sie vereinbarten eine tiefenpsychologisch fundierte Psychotherapie. Als ich den Fall kennenlernte, war die Behandlung mit ersten Schritten in Richtung einer Verselbstständigung auf einem guten Wege.

Kasten 7: Psychogene Sexualstörungen nach ICD-10

F52.0 Mangel oder Verlust von sexuellem Verlangen
Anhedonie, Libidoverlust, Alibidinie, Vermeiden sexueller Aktivität, Lustlosigkeit

F52.1 Sexuelle Aversion
Fehlen des Verlangens und des Lustgefühls beim Verkehr, Gereiztheit und Verstimmung nach dem Verkehr, ausbleibende Befriedigung

F52.2 Versagen genitaler Reaktionen (Psychogene Impotenz)
Männer: Ausbleiben oder Verlust der Gliedsteife oder: anhaltende Gliedsteife (Priapismus)
Frauen: Erregungsstörung, Frigidität, Mangel an vaginaler Lubrikation, Ausbleiben der erregenden sexuellen Gefühle

F52.3 Orgasmusstörungen
Anorgasmie, Orgasmushemmung: Der Orgasmus wird nicht erreicht. Es kommt nicht zur Entspannung.

F52.4 Ejaculatio praecox
Vorzeitiger oder verzögerter Samenerguss

F 52.5 Vaginismus
Scheidenkrampf: Reflexartige Verkrampfung des Scheideneingangs und der Beckenbodenmuskulatur, nicht unbedingt schmerzhaft

F52.6 Dyspareunie
Schmerzen beim Verkehr

F52.7 Gesteigertes sexuelles Verlangen, Sexsucht
Frauen: Nymphomanie (»Mannstollheit«)
Männer: Satyriasis (»Donjuanismus«)[106]

---

[106] Etwa die Hälfte der Frauen hat beim Verkehr regelmäßig einen Orgasmus.

3. Vorlesung Sexualität in der Psychotherapie

Für die psychotherapeutische (und übrigens auch medizinische) Praxis stellen die psychogenen Sexualstörungen die mit Abstand bedeutsamste Gruppe der sexuellen Störungen dar. Die Symptomatik ist dadurch gekennzeichnet, dass sexuelle Reaktionen bei körperlich gesunden Menschen ausbleiben. Sie lassen sich in die Phasen Appetenz, Erregung, Orgasmus und Entspannung gliedern, und jede dieser Phasen kann als solche gestört sein. Dadurch kann entweder der gewünschte Geschlechtsverkehr nicht vollzogen werden oder der Höhepunkt bleibt aus oder kann nicht genossen werden.

Die Psychotherapie ist außerdem häufig mit sexuellen Störungen als Folgen von Traumatisierungen befasst, speziell durch sexuellen Missbrauch und Vergewaltigung. Diese Traumafolgestörungen haben eine eigene Ätiologie und können hier nur am Rande mit behandelt werden.

Von den psychogenen Sexualstörungen sind die sexuellen Verhaltensstörungen abzugrenzen, nämlich Paraphilien, die früher als »Perversionen« bezeichnet wurden, und Störungen im Zusammenhang mit nicht-binärer Geschlechtsidentität. Diese werden in der nächsten Vorlesung behandelt (▶ 4. Vorlesung).

Das breite Spektrum von Beeinträchtigungen (▶ Kasten 7) reicht von Lustlosigkeit über Schmerzen zu Erektions- und Ejakulationsstörungen, Vaginismus und Anorgasmie bis zum Ausbleiben der Befriedigung. Die Leidenschaft fehlt, der Verkehr kommt nur zögernd in Gang oder muss abgebrochen werden, der Orgasmus bleibt aus, oder es bleibt nach dem Orgasmus eine dysphorische Verstimmung und Gereiztheit zurück.

Im weiteren Sinne kann man auch eine Reihe von Störungen zu den Sexualstörungen rechnen, bei denen Befindensstörungen sowie Reiz- und Spannungszustände im Urogenitalsystem im Zentrum stehen, also im Bereich des Beckenbodens, der Geschlechtsorgane und der unteren Harnwege. Zu diesen *psychogenen Urogenitalsyndromen* gehören

- *bei Frauen* das prämenstruelle Syndrom mit vielfältigen Befindensstörungen und Schmerzen vor der Monatsblutung, sowie die Dysmenorrhoe, d. h. die schmerzhalte Regelblutung,
- *bei Männern* die abakterielle Prostatitis mit Schmerzen und Spannungen, die in den Leistenbereich ausstrahlen.

Kasten 8: Psychogene Urogenitalsyndrome (Urogenitale Somatisierungsstörungen)

Gynäkologische Störungen

- Menstruationsstörungen und -beschwerden
  - **Dysmenorrhoe:** Regelschmerzen und Unwohlsein bei der Menstruation
  - **Prämenstruelles Syndrom:** Multiple psychische (Depression, Angst), somatoforme (Schmerzen, Übelkeit) und psychovegetative (Erschöpfung, Abgeschlagenheit) einige Tage vor bis zum Beginn der Regelblutung
- Zyklusstörungen Primäre und sekundäre Amenorrhoe (Ausbleiben der Regelblutung)
- **Klimakterische Beschwerden** Hitzewallungen, Libidomangel, Vaginismus u.v.a. psychovegetative Störungen während der Wechseljahre

Urologische Störungen

- Psychogene funktionelle Störungen (somatoforme autonome Funktionsstörungen):
  - **Reizblase**, chronische abakterielle Zystitis
  - **Weibliches Urethralsyndrom:** Harnröhrenschmerzen
  - **Männliches Urogenitalsyndrom**, Prostatodynie, chronische abakterielle Prostatitis: Druckgefühl, Spannungen und Schmerzen im Bereich des Beckenbodens, der Harn- und Geschlechtsorgane und der Prostata
  - Psychische Faktoren bei organisch fundierten Störungen
  - Chronisch rezidivierende (bakteriell bedingte) **Cystitis,** Blasenentzündung
  - **Harninkontinenz,** Harnträufeln

Sexualität, Befinden und Lebensqualität

Aus der zentralen Position, die die Sexualität im Seelenleben des Einzelnen, in der Entwicklung und in der Partnerschaft einnimmt, ergibt sich ihre besondere Disposition für Störungen. Einerseits wirken Konflikte um die Sexualität sich auf das gesamte Seelenleben aus, haben maßgeblich Anteil an der Entstehung der hier besprochenen psychogenen Störungen und beeinträchtigen die Sexualfunktionen. Andererseits ist die Fähigkeit zum ungetrübten sexuellen Begehren und Genuss von der seelischen Befindlichkeit abhängig: von Stimmungen, Selbstvertrauen und Selbstsicherheit, Ausgeglichenheit, körperlicher Kondition und Unversehrtheit und vom Zusammenpassen des beidseitigen Begehrens in der Partnerschaft. Schließlich wirken Störungen der Sexualität sich ihrerseits negativ auf das subjektive Befinden und auf die Partnerschaft aus. Sie führen zu Angst, Gereiztheit und Depression, zu zwischenmenschlichen Problemen und Krisen und zu Selbstwertkonflikten und können auf diese Weise Sexualstörungen noch verstärken.

Diese Komplexität bewirkt, dass Sexualstörungen außerordentlich vielfältig und häufig sind. Zuverlässige Zahlen liegen wegen methodischer Unzulänglichkeiten der einzelnen Studien nicht vor. Man kann aber von einer Prävalenz von 15 bis 20 % in der Bevölkerung ausgehen, wobei die einzelnen Formen sehr unterschiedlich häufig vorkommen. Frauen sind insgesamt häufiger betroffen als Männer. In einer großen US-amerikanischen Studie gaben insgesamt 43 % der Frauen und 35 % der Männer an, im Jahr vor der Befragung unter einer signifikanten, mindestens mehrere Monate bestehenden sexuellen Dysfunktion gelitten zu haben.[107]

- *Bei Männern* sind vorzeitiger Orgasmus (Ejaculatio praecox), Libidostörungen und Erektionsstörungen am häufigsten,
- *bei Frauen* sind am häufigsten Appetenz- und Orgasmusstörungen.

---

107 Befragung einer repräsentativen Bevölkerungsstichprobe der US-amerikanischen National Health and Social Life Survey (NHSLS-Studie, Laumann et al. 1994, zit. nach Beier et al. 2000)

Dabei werden die Störungen mit zunehmendem Alter häufiger. So nehmen nach dem klassischen Kinsey-Report[108] Erektionsstörungen von 3% bei 20jährigen auf bis zu 75% bei 80-jährigen Männern zu. Es ist auch absehbar, dass durch den altersdemographischen Wandel und die Zunahme von chronischen Erkrankungen die Sexualstörungen aufgrund körperlicher Erkrankungen und deren Behandlung weiter zunehmen werden. Sexualstörungen bei jungen Menschen sind dagegen meistens seelisch bedingt.

Verschiedene Studien haben gezeigt, dass ein enger Zusammenhang zwischen sexueller Gesundheit und der allgemeinen Lebenszufriedenheit besteht[109]. Es wäre aber vorschnell, daraus die einfache Formel abzuleiten: Nur Sexualität sei gut gegen Unzufriedenheit, Verstimmungen oder psychische Störungen. Das Gegenteil ist ebenso richtig: Allgemeine Lebenszufriedenheit, gute Beziehungen und ein stabiles Selbstwertgefühl schaffen die Voraussetzungen für eine befriedigende Sexualität. Letztlich erweist die Sexualität sich nicht als autonome Funktion, sondern als ein Element im Zusammenspiel psychischer und körperlicher Funktionen, die das Gefühl eines lebenswerten Lebens herbeiführen.

Die Entstehung psychogener Sexualstörungen (Pathogenese)

Bei psychogenen Sexualstörungen findet man zwei verschiedene Entstehungsmechanismen, die auch zusammenwirken können: die Konversion und die Somatisierung. Das hat Konsequenzen für die Behandlung und soll daher kurz erläutert werden.[110]

---

108 Kinsey AC (1948, 1953)
109 Fugl-Meyer et al. 1997, Mc-Cabe 1997, Litwin et al. 1998, Ventegodt 1998, Benkert 1999, alle zit. nach Beier et al. 2000
110 Zum ausführlicheren Studium verweise ich auf mein Lehrbuch (Ermann M 2016, Kap. 10).

Konversion: Sexualstörung als körperliche Gebärde

Bei der Konversion ist die Sexualstörung eine körperliche Gebärde, die eine unbewusste Phantasie oder eine verdrängte Vorstellung zur Darstellung bringt. Beim Scheidenkrampf einer Frau kann es sich um eine solche Gebärde handeln.

Klara

Meine Patientin – ich nenne sie hier Klara –, die Ende 20 in meine Behandlung kam, litt seit der Geburt ihres dritten und letzten Kindes unter einem Vaginismus, der die Ehe nachhaltig belastete. Wir fanden in der Behandlung heraus, dass sie sich durch den Wunsch ihres Mannes nach weiteren Kindern überfordert fühlte, zumal sie einen anspruchsvollen Beruf ausübte, den sie nicht aufgeben wollte. Mit dem Symptom zeigte sie auf körperlicher Ebene, dass sie für eine weitere Schwangerschaft »nicht zur Verfügung stand«.

Heinz

Einer meiner älteren Patienten hatte in der neuen Partnerschaft, die er nach über 25 Jahren Ehe eingegangen war, eine Anorgasmie entwickelt. Es stellte sich heraus, dass er seinen Samen nicht an eine Frau verschenken wollte, die er nicht wirklich liebte. Das eigentliche Problem war, dass die Bindung an seine Ehefrau nicht gelöst und die Trennung innerlich nicht wirklich vollzogen war.

Solche Gebärden kommen auch posttraumatisch vor. Sie bringen das »Abschalten« des libidinösen Begehrens zum Ausdruck, z. B. bei der Alibidinie oder bei der sexuellen Aversion. Dahinter steht zum Beispiel ein Erschrecken über einen Missbrauch und der Schutz davor, sich daran zu erinnern.

Somatisierung: Sexualstörung als Affektäquivalent

Bei der Somatisierung geht es um verdrängte Affekte und nicht um unbewusste Vorstellungen und Wünsche. Hier ist das Symptom ein Affektäquivalent. So kann z. B. eine Alibidinie (Lustlosigkeit) an Stelle einer Depression auftreten, hinter der sich eine unterdrückte Unzufriedenheit und Wut in der Partnerschaft verbirgt.

Jörg

Eindrucksvoll fand ich in diesem Zusammenhang, dass mein Patient Jörg, ein stattlicher Mann Mitte 30, während einer verheimlichten Affäre außerhalb seiner Ehe eine Erektionsstörung entwickelt hatte – allerdings nur bei seiner Geliebten und nicht bei seiner Frau. Dieser sehr Überich-gesteuerte Mann hatte offensichtlich seine Angst, entdeckt zu werden, und sein Schuldgefühl somatisiert, während er zu Hause zeigte, dass er ein braver Ehemann war.

Sexuelle Somatisierungsstörungen kommen nicht nur als »Sexualneurosen«, sondern häufig auch als Belastungsreaktionen vor. Diese wurzeln nicht in verdrängten Konflikten, sondern beruhen auf Stress, Anspannung und Nervosität, Kummer und Sorgen unter aktuellen Belastungen. Dazu bedarf es keiner besonderen neurotischen Disposition. Die Affekte, die dahinterstehen, werden unmittelbar somatisiert, d. h. in Affektäquivalente umgesetzt.

Seelische Hintergründe (Psychodynamik)

Voraussetzung für die befriedigende Hingabe und Inbesitznahme im Geschlechtsverkehr ist die sexuelle Attraktion. Sie beruht darauf, dass durch sinnliche Wahrnehmungen gegenseitig Phantasien, Wünsche und Erwartungen wachgerufen werden, die dann im Geschlechtsverkehr zur Befriedigung drängen. Diese sind allerdings nur teilweise bewusst. Sie beziehen sich auf Handlungen und Szenarien, Rollen und Abläufe und entscheiden zusammen mit den sinnlichen Wahrnehmungen (Gerüche, Geräusche, körperliche Empfindungen) über Erregung, Leidenschaft und Befriedigung. Eine Begegnung wird umso befriedigender sein, je mehr die gegenseitigen Einstellungen und Wünsche zusammenpassen. Dabei kommt es während der Begegnung instinktiv zu einer Abstimmung. Denn Wünsche und Phantasien sind nicht nur mitgebracht. Sie können im Verkehr auch induziert und moduliert werden. Was guter Sex ist, wird in jeder Begegnung neu ausgehandelt.

Die Psychodynamik der psychogenen Sexualstörungen mündet bei allen Formen in das Hingabethema: Sich ausliefern (passive Form) und in Besitz nehmen (aktive Form). Es kann ganz verschiedene Kontexte haben und daher sehr unterschiedlich aussehen.

Die Kontexte können von aktuellen Belastungen und Problemen in der Partnerschaft über Unklarheiten der sexuellen Identität, unbewusste Bindungen sowie Selbstzweifel bis hin zu tabuisierten unbewussten Phantasien und Wünschen reichen. Das sind nur einige der möglichen Kontexte (▶ Kasten 9). Sie können alle Dimensionen der sexuellen Identität betreffen: die Kernidentität als elementares Bewusstsein der Geschlechtszugehörigkeit, die Geschlechtsidentität als Ausformung des Gefühls für das Mann- oder Frausein mit den zugehörigen Geschlechterrollen und die sexuelle Orientierung in Bezug auf die Partnerwahl. Sehr häufig sind sie mit aggressiven Hemmungen oder mit einer neurotischen Geltungs- und Leistungsproblematik verbunden.

Die Auslösesituationen sind je nach dem Kontext verschieden und vielfältig. Konflikthafte, verletzende oder traumatische Sexualerlebnisse, Partnerschaftskonflikte, sexuelle Versuchungen und Versagungen, Kränkungen, Misserfolge oder Verluste, aber auch chronische Belastungen und sozialer Stress sind häufig. Bei Jugendlichen kommen die entwicklungsbezogene Unsicherheit gegenüber der Sexualität und mangelnde Erfahrung hinzu.

Eine besondere Situation bildet das Älterwerden, wenn jenseits der Fünfzig einerseits das sexuelle Begehren nachlässt und andererseits organische Faktoren wie Herz- und Kreislauferkrankungen oder Diabetes[111] an der Entstehung von Sexualstörungen beteiligt sein können.

---

111 Diese Erkrankungen führen zu Erektionsproblemen bei Männern und zu Erregungs- und Orgasmusproblemen bei Frauen.

Kasten 9: Belastende und auslösende Faktoren bei psychogenen Sexualstörungen

Belastungsreaktionen

- Negative Sexualerfahrungen, Ängste vor Verletzungen
- Aktuelle Selbstwertkrisen
- Ängste vor ungewollter Schwängerung oder vor Geschlechtskrankheiten und AIDS
- Partnerschaftsprobleme, z. B. Demütigungen und Verletzungen

Störungen auf der Basis unbewusster Konflikte und Phantasien

- Schuldkonflikte bei heimlichen Sexualkontakten
- Wertkonflikte, restriktive Moral
- Schamkonflikte, wenn Sexualität oder einzelne Praktiken als schmutzig bewertet werden
- Unbewusste Bindungen
- Unbewusste aggressive sexuelle Phantasien
- Unbewusste Wunschphantasien und Entwicklungsängste: Verschlungen werden, ausgeraubt werden, kastriert werden
- Verunsicherung bei einer konflikthaften Identität, in der aktive und passive Anteile nicht integriert sind
- Unsichere sexuelle Orientierung, bei welcher unbewusste hetero- und homosexuelle Tendenzen miteinander konkurrieren
- Verdrängte perverse Phantasien
- Mangelnde Selbstsicherheit und Minderwertigkeitsgefühle

Posttraumatische Sexualstörungen

- Angst vor Wiederholung einer sexuellen Traumatisierung
- Angst vor Traumaerinnerungen

Die Intensität und Geschwindigkeit der sexuellen Abläufe nimmt mit dem Alter ab, die Erregung entsteht langsamer und ist weniger stark, die Refraktärzeit nach einem Orgasmus ist deutlich verlängert. Unkenntnisse über diese Tatsachen können Fehlerwartungen und Druck hervorrufen, der ein Versagen fördert.

Behandlung mit psychoanalytisch begründeten Verfahren

In der analytisch begründeten Therapie sexueller Störungen soll die »kulturelle Zähmung« des Sexuellen durch die Sozialisation und Erziehung gemildert und der Zugang zum ganz persönlichen Sexuellen errungen werden. Das bedeutet, die Patienten sollen in die Lage kommen, *ihre* Sexualität zu finden und anzunehmen. Man kann auch sagen, sie sollen das ungebrochen Sexuelle in sich (wieder-)entdecken.

Dabei zeigt sich die Macht der bürgerlichen Sexualmoral und der kulturellen Zuschreibungen und Reglementierungen. Die meisten Patienten sind gegenüber den ungelebten Seiten ihrer Sexualität befangen und glauben an die Unvereinbarkeit aktiver und passiver, vermeidlich weiblicher und männlicher Tendenzen in ihrer Sexualität. Sie haften an der Polarisierung zwischen gleich- und andersgeschlechtlichen Neigungen und verschließen sich gegenüber Partialtrieben, d. h. gegen ein »perverses« Vorspiel und ungewöhnliche Praktiken.

Diese Behandlungen spielen sich – wie alle Behandlungen – auf zwei Ebenen ab: auf der Ebene des klärenden Dialogs und auf jener der Beziehungsarbeit, die die Patienten als sexuelle Wesen spiegelt.

Der klärende Dialog

Auf der expliziten, sprachlichen Ebene des Dialoges arbeiten wir vor allem mit Exploration, Klärung und Deutung. Wir kreisen mit Hilfe von Fragen und Einfällen, Phantasien und Kommentaren das Problem ein und ergründen die Verknüpfungen mit den Problemen und Themen des Alltags: mit dem Selbsterleben, den Neigungen und Interessen, mit Hemmungen und Ängsten, mit Beziehungen und Partnerschaft. In der tiefenpsychologisch fundierten Therapie zentrieren wir dabei auf die Probleme und Beziehungen des Alltags als Kontext der Störung, während bei der analytischen Psychotherapie die Persönlichkeit und ihre Entwicklung in den Vordergrund tritt.

Carlos

Auf diese Weise werden zum Beispiel Identifizierungen als Hintergrund der Sexualhemmung und Erektionsstörung meines jungen Patienten Carlos verständlich. Er war ein Mann um die 20 Jahre, lebte noch bei seiner Mutter und war mit ihr in unbewusster Zärtlichkeit verbunden. Als er mir in einer Mischung von Wut und Traurigkeit davon erzählte, wie er zum wiederholten Male beim Versuch der Penetration seiner neu gewonnenen Freundin die Erektion verloren hatte, sagte ich ihm spontan: »Vielleicht glauben Sie ja, dass man in eine Frau, die man liebt, nicht eindringen darf, weil Leidenschaft für Sie bedeutet, zu verletzen und Schmerz zuzufügen.«

Marco

Einem anderen Mann, der verbittert feststellte, dass er bei seiner Freundin und überhaupt bei Frauen keine Erregung verspürte, sagte ich bei einer passenden Gelegenheit: »Das klingt ja, als wenn Sie die Unversehrtheit Ihrer Freundin nicht zerstören wollen und sich deshalb verhalten, als wäre die Leidenschaft für Sie gar nicht wichtig.«

Julia

Meine Patientin Julia hatte mit 22 gerade einen neuen Freud und war unglücklich, dass sie nach dem Verkehr regelmäßig in eine Verstimmung verfiel und ihren Freund zurückstieß. Er reagierte darauf verstimmt und zunehmend ungeduldig. In der Therapie, die sie bei mir wegen einer Essstörung begonnen hatte, stellt sich heraus, dass sie sich vor der Maßlosigkeit ihrer Erregung ekelte, wenn sie in den Armen ihres Freundes wirklich einmal losgelassen hatte. Schließlich konnte sie selbst

sagen: »Ich glaube, da schäme ich mich, dass ich so schmutzig bin.«
Darauf ich: »Dann wäre es für Sie ja besser, sie würden sich enthalten.
Aber wollen Sie das denn wirklich?«

Es ist schwer, die Gestimmtheit dieser Dialoge authentisch wiederzugeben. Es kommt darauf an, eine Atmosphäre zu schaffen, die von einem grundsätzlichen Wohlwollen gegenüber dem Sexuellen getragen ist und eine Offenheit für die Art der Sexualität entstehen lässt, die *dieser* Mensch lebt. Bedeutsam dabei ist das Gemeinsame im Nachsinnen und Nachspüren. Um den Begriff von Wilfried Bion aufzugreifen, könnte man sagen, es ist eine gemeinsame Tagträumerei (»Reverie«)[112]. Dabei lasse ich mich von der Patientin zu Bildern, Phantasien und Einfällen verführen und führe sie meinerseits zu Phantasien und Einfällen, indem ich Geeignetes davon auch kundtue. Bei diesem *Spielen mit dem Material*[113], wie ich es gern nenne, spielt natürlich die Gegenübertragung eine bedeutende Rolle. Man kann sagen: Im Zusammenspiel der beidseitigen Übertragung entsteht ein Drittes, das sich im Verstehen niederschlägt: die therapeutische Beziehung.

Beziehungsebene

Die Beziehungsarbeit habe ich oben im Abschnitt »Das Sexuelle in der Behandlungssituation« dargestellt. Sie zielt darauf ab, dass die Patienten sich als sexuelle Menschen gesehen und willkommen fühlen. Das ist ein Prozess im Vorbewussten. Er bezieht sich vor allem auf den prozeduralen, impliziten Kontakt, d. h. auf Stimmungen und Atmosphären, Gesten und Mimik, auf die Stimmlage und viele andere Elemente der Beziehungsgestaltung und des Dialogs.

Wenn ich sage, die Patienten als *sexuelle* Menschen zu sehen und willkommen zu heißen, denke ich an die sublime Erotik, mit der man als Eltern die Entwicklung seiner Kinder begleitet: das Werden des Töchterchens auf dem Weg zum jungen Mädchen und zur reifen Frau, der Schritt des Buben hin zu seiner Männlichkeit. Mehr als mit Worten bestärken wir

---
112 Bion WR (1962)
113 Ermann M (2016)

diese Entwicklung durch unsere Phantasien, Haltungen und Einstellungen. Dabei lieben wir unser Kind durchaus auch als ein erotisches Kind, aber immer doch als Kind.

Dieser Prozess wird maßgeblich von den Eigenübertragungen des Therapeuten mitgeprägt. Denn bei dieser elterlichen Funktion und Haltung kommen unweigerlich jene Zuschreibungen zum Tragen, die im Sozialisationsprozess in sein Unbewusstes eingegraben worden sind und seine sexuelle Identität markieren. Sie kommen in der Begegnung zu seinen Patientinnen und Patienten wieder ins Spiel: Was ist ein Mädchen, was ist eine Frau – oder: Wie ist ein Mann?

Hansjörg Pfannschmidt hat betont, dass es für die Therapie von Menschen mit Sexualstörungen entscheidend ist, ob es gelingt, in ihnen ein sexuelles Wesen zu entdecken und mit einer annehmenden Haltung darauf zu antworten.[114] Das stellt manchmal eine erhebliche Herausforderung dar. Denn es setzt eine Grundsympathie voraus, die bisweilen erst in der Begegnung erarbeitet werden muss. Auch müssen Patienten in ihren Therapeuten mehr oder weniger bewusste Bilder hervorrufen, die offen oder sublim an ihre erotischen Phantasien oder Erinnerungen anknüpfen. Dabei zeigt sich, dass die »Verführung« (▶ 2. Vorlesung), wie Laplanche[115] es genannt hat, eine gegenseitige ist und in einem intersubjektiven Prozess stattfindet.

---

114 Pfannschmidt H (1997)
115 Laplanche J (1988)

4. Vorlesung
Besondere Spielarten des Sexuellen

Von der normativen Sexualität zu den Neosexualitäten

Was im Bereich der Sexualität »normal« ist und was »abweichend«, wird durch Konventionen festgelegt und unterliegt dem gesellschaftlichen Wandel. In unserer Gesellschaft war über Jahrhunderte ein binäres Ordnungssystem leitend, das von zwei Kategorien ausgeht, nämlich weiblich und männlich, und eine eindeutige Zuordnung des Geschlechtserlebens zu einer der beiden Kategorien vornimmt. Dabei wird eine heterosexuelle Orientierung vorausgesetzt. Die gesellschaftlich einzig anerkannte Form der Geschlechtlichkeit war auf den genitalen Geschlechtsverkehr zwischen Mann und Frau ausgerichtet, vornehmlich in ehelicher Partnerschaft und wenn möglich im Dienst der Fortpflanzung.

Für das Denken in unserer Gesellschaft war dieses Konzept noch im vorigen Jahrhundert selbstverständlich. Was damit nicht vereinbar war, galt als Abweichung und Pathologie. Diese Auffassung ist durch den Wandel der Gesellschaft und emanzipatorische Bewegungen in den westlichen Kulturen heute überholt. Der berühmte Kinsey-Report[116] hat deutlich gemacht, dass sie bereits Mitte des vorigen Jahrhunderts weit von der Realität des tatsächlichen Sexualverhaltens entfernt war. Dieses war bei weitem vielfältiger und abweichender, man könnte auch sagen polymorph-perverser, als allgemein zugegeben.

---

116 Kinsey AC (1948, 1953)

> **Kasten 10: Besondere Spielarten des Sexuellen**
>
> - **Paraphile Sexualpräferenz**
>   - *Fetischismus:* Stimulation und Befriedigung an unbelebten Objekten
>   - *Sadomasochismus:* Erregung durch Zufügen oder Erleiden von Schmerz und Erniedrigung
>   - *Exhibitionismus und Voyeurismus:* Erregung durch Zurschaustellung des Körpers, insbesondere der Genitalien, bzw. durch Beobachtung von Nacktheit, speziell der Genitalien, oder von Intimitäten anderer
>   - *Pädophilie:* Sexuelles Verlangen nach Kindern
> - **Nicht-binäre Geschlechtsidentität**
>   - *Transvestitismus:* Sexuelle Erregung beim Spiel mit den Geschlechterrollen und Vorliebe, in der Kleidung des anderen Geschlechts aufzutreten
>   - *Transidentität* (Transsexualität, Genderdysphorie): Ablehnung der biologisch vorgegebenen Geschlechtlichkeit; Leben mit dem »falschen Geschlecht« mit dem Drang, die soziale Rolle und zumeist auch den Körper in Richtung des gewünschten Geschlechts zu verändern
> - **Intersexualität**
>   - Verschiedene Formen der Geschlechtlichkeit auf Grund eines nicht eindeutigen körperlichen Geschlechts; synonym zusammengefasst unter den Begriffen »Zwitter« oder neuerdings »drittes Geschlecht«

Trotzdem bilden die aktuellen Debatten um die geschlechtliche Vielfalt die tatsächlichen Verhältnisse verzerrt ab. Denn heterosexuelle Menschen, die sich eindeutig der Kategorie weiblich oder männlich zuordnen lassen, stellen weiterhin den bei Weiten überwiegenden Teil der Bevölkerung. Geändert hat sich allerdings die Funktion der Sexualität und die Bewertung der Lebensformen, in die sie eingebettet ist: Heute ist eine feste Partnerschaft keine Voraussetzung und die Fortpflanzung schon lange keine Bedingung mehr für sexuelle Aktivitäten, und auch die Toleranz gegenüber alternativen Äußerungsformen des Sexuellen und der Beziehungsgestaltung ist deutlich gewachsen. Vorlieben werden jetzt in die »normale« Sexualität mit einbezogen.

Alternative Formen der Geschlechtlichkeit sind solche, die in das traditionelle Konzept einer normativen Sexualität nicht hineinpassen. Mit der Entpathologisierung und Anerkennung der Alternativen entsteht auch eine neue Bezeichnung: Statt von Abweichung sprechen wir heute von Spielarten des Sexuellen (▶ Kasten 10) oder von *Neosexualitäten*[117], um das kreative Potenzial zu betonen, das der sexuellen Vielfalt innewohnt.

Wenn sexuelles Erleben und Verhalten oder deren Folgen jedoch für die Betroffenen mit Leidensdruck verbunden ist, sie selbst oder andere schädigt oder ihre soziale Integration gefährdet, besteht aus psychotherapeutischer Sicht Behandlungsbedarf. Dann wird auch heute von *Störungen der Sexualität* gesprochen.

Paraphilie: Störung der sexuellen Präferenz

Als Paraphilie[118] bezeichnet man eine Sexualpräferenz, bei der sexuelle Erregung und Befriedigung durch unübliche Ziele erreicht werden. Das sind z. B. Demütigungen oder auf Fetische gerichtete Handlungen. Beispielhaft für letzteres ist die Befriedigung beim Anblick der eigenen Person in erregender Kleidung. Betroffen sind überwiegend Männer. Man sagt ihnen einen stärkeren Hang zu Paraphilien nach als den Frauen.

Paraphile Handlungen sind Spielarten und Teil der erwachsenen Sexualität und werden als Vorlieben betrachtet, die aus heutiger Sicht keinen Krankheitswert haben. Wenn fast ausschließlich oder sogar nur durch diese Neigungen sexuelle Befriedigung erreicht werden kann, wenn sie Leidensdruck erzeugen, berufliche oder soziale Nachteile nach sich ziehen oder wenn andere dadurch in Mitleidenschaft gezogen werden, handelt es

---

117 McDougall J (1985), Sigusch V (2005)
118 weiterführende Darstellungen bei Berner W (2011)

sich allerdings um Störungen, die einer Behandlung bedürfen. Man spricht dann von Paraphilie. Eine psychische Störung kann die Folge sein, wenn die Neigungen mit den Werten und dem Selbstbild der Betroffenen in Konflikt geraten und schwere Schuld- und Schamgefühle, Ängste und Depressionen usw. hervorrufen.

Neben den typischen Paraphilien Fetischismus, Sadomasochismus, Exhibitionismus und Voyeurismus sowie Pädophilie gibt es eine Vielzahl weiterer Vorlieben, die allerdings auf wenige Menschen begrenzt sind und hier nicht weiter besprochen werden. Dazu gehört zum Beispiel die Vorliebe für Leichen, Fäzes oder Amputationen.

Wesen und Formen der Paraphilie

Perverse Phantasien und Handlungen sind in mehr oder weniger starkem Maße Teil der normalen Sexualität und steigern bei vielen Menschen die Erregung, die sich schließlich im genitalen Akt entlädt. Das Wesen der Paraphilie als Verhaltensstörung liegt darin, dass die Betroffenen sich hauptsächlich von Objekten oder Handlungen sexuell erregt fühlen, die üblicherweise in der Sexualität eine beigeordnete Rolle spielen. Von einer Perversion spricht man in der Psychoanalyse, wenn die Betroffenen darauf angewiesen sind.

Neuerdings wird der Begriff sogar noch weiter eingeschränkt und als pervers nur noch eine sexuelle Beziehung bezeichnet, bei der einem Anderen eine sexuelle Handlung aufgezwungen wird. Das gilt vor allem für den Sadomasochismus, wenn das übliche Einvernehmen zwischen den Beteiligten fehlt.

Ein primäres Krankheitsgefühl ist im Allgemeinen nicht vorhanden. Paraphilien sind für die Betroffenen lustvoll, nach Abklingen der Erregung aber oft beschämend, oder sie verursachen dann Schuldgefühle. Sie werden deshalb zumeist verborgen. Bei sexuellen Akten, bei denen die Perversion ausgeschlossen wird, entstehen bei den Betroffenen oft funktionelle Sexualstörungen, zumeist in Form von Lustlosigkeit und Impotenz, oder auch Ängste und Depressionen. Bei diesen Symptomen sollte man daran denken, dass eine Perversion den Hintergrund bilden kann.

Leidensdruck entsteht zumeist erst durch negative Folgen einer Paraphilie in der Partnerschaft. Partnerschaften können an den »perversen« Wünschen eines der Partner scheitern. Ebenso kann durch verächtliche Reaktionen des Umfeldes und ggf. durch Konflikte mit dem Gesetz Leidensdruck entstehen.

Paraphilien treten unabhängig von der sexuellen Orientierung in verschiedenen Formen in Erscheinung. Sie haben eine Tendenz zur Steigerung der Häufigkeit der perversen Handlung bei gleichzeitig abnehmender Befriedigung. Die Handlungen erscheinen zunehmend stereotyp und ritualisiert, wobei die eigenen Bedürfnisse ganz in den Vordergrund gerückt werden, während die der Partnerin oder des Partners zurücktreten. Dadurch kann es zur Verflachung des gemeinsamen sexuellen Erlebens und schließlich zum Beziehungsabbruch kommen.

Fetischismus

Fetischismus (von [franz.] fétiche: Zaubermittel) bezeichnet ursprünglich die Verehrung bestimmter magische Gegenstände im Glauben an übernatürliche Eigenschaften. Sexueller Fetischismus ist Erregung durch bedeutungsvolle leblose Objekte wie Wäsche oder Schuhe, oder einfach durch Materialien wie Gummi, Felle oder Leder. Umgangssprachlich wird häufig jede sexuelle Vorliebe »Fetisch« genannt. Wenn Kleidung des anderen Geschlechts benutzt wird, um sich zu verkleiden, ohne dass dabei auf sexuelle Erregung und Befriedigung abgezielt wird, handelt es sich um Transvestitismus.

Der Fetisch, z. B. ein Kleidungsstück, wirkt erregend an einem selbst, am sexuellen Partner oder als solcher, wenn man ihn betrachtet. Bei einigen wirkt bereits die Stimulierung einer Sinnesqualität erregend, bei anderen sind mehrere Sinne (z. B. Geruch und Haptik) erforderlich. Fetischismus gehört zu jenen Perversionen, die autoerotisch oder in Beziehungen ausgelebt werden. Typische Fetische sind Schuhe, Dessous oder andere explizit männliche oder explizit weibliche Accessoires wie Stiefel, Uniformen oder Berufskleidung. Auch Düfte oder Körperteile (Füße, Hände) können als Fetisch dienen. Fetische unterliegen Moden. Neuerdings werden Sexualspielzeuge wie Dildos oder modische Markenprodukte (»Sneakers«) als

Fetisch gewählt, während der klassische Lederfetischismus zurückzugehen scheint.

Fetischismus galt Freud als Paradigma der Perversion. Er sah im Fetisch ein Symbol für das unbewusst begehrte ödipale Objekt, also für den Vater bei Frauen und für die Mutter bei Männern. Dabei symbolisiert der Fetisch oftmals den phantasierten oder erwünschten Phallus. Im Fetisch fand er aber auch die präödipalen Partialtriebe wieder. Sie geben dem Fetisch das besondere Gepräge, z. B. die Riechlust beim Lederfetischismus oder Schaulust beim Wäschefetischismus. Heute betont man mehr die kindliche Beziehungssehnsucht und sieht im Fetisch ein Übergangsobjekt[119], das die Trennung von der präödipalen Mutter erleichtert. Dabei scheint es sich um ein psychodynamisches Muster zu handeln, das für die meisten Paraphilien gilt.

Sadomasochismus (SM)

Der Begriff Sadomasochismus beschreibt das erotische Spiel mit Macht und Unterwerfung. Er umfasst sexuelle Praktiken, bei denen im beidseitigen Einverständnis durch Zufügen oder Erleiden von Schmerzen, Demütigungen und Erniedrigungen Befriedigung erlangt wird. Der *Sadismus* zeigt die Sexualisierung des Machtwillens, der *Masochismus* zeigt ihn in »invertierter« Form[120]. Dabei sind immer zwei Partner/innen erforderlich: Ein Part übernimmt die aktive Rolle als Sadist/in, der andere die passive als Masochist/in. Diese Begriffe gehen auf die Beschreibung erotischer Machtspiele durch die Schriftsteller Marquis de Sade und Leopold Sacher-Masoch im 19. Jahrhundert zurück (▶ Abb. 4.1), deren Beschreibungen sadomasochistischer Praktiken damals populär waren.

Sadomasochismus ist nicht an die sexuelle Orientierung gebunden, d. h. er kommt bei allen Arten der Partnerorientierung vor. Der sadistische Part (Sado, Dom oder Top) und der masochistische Part (Maso, Sub oder Bot-

---

119 Winnicott DW (1951)
120 Inversion ist die ursprüngliche Bezeichnung von Freud S (1905) für Perversionen und bedeutet ursprünglich »Umkehrung«.

Abb. 4.1: Donatien Alphonse François de Sade (1740–1814) links (Quelle: Wikimedia Commons) und Leopold Ritter von Sacher-Masoch (1836–95) rechts (© akg-images) sind die Namensgeber der von Ihnen beschriebenen paraphilen Praktiken.

tom) können in sadomasochistischen Beziehungen ausgetauscht werden (»switchen«).

Die Machtspiele beruhen auf einem gegenseitigen Einverständnis, wobei die Handlungen nicht gespielt sind, sondern in einem beidseitigen perversen Erlebnismodus stattfinden, in dem sie quasi real erlebt werden. Dieser ist vom »Alltagsmodus« des Erlebens abgespalten und bewirkt ein hohes Maß an Intimität. Es gelten dabei Spielregeln, die zuvor vereinbart werden, z. B. die Vereinbarung von Grenzen (»Limits«) und eines Schlüsselwortes (»Code«), mit dem das Spiel jederzeit abgebrochen werden kann.

Zur Praxis gehören typische Rituale:

- *Machtspiele:* Die Sadistin übernimmt die Selbstbestimmung vom Masochisten, dieser unterwirft sich und ist bereit, »alles« für sie zu tun und mit sich machen zu lassen. Das Erregende ist die Selbstaufgabe und die Inbesitznahme.
- *Fesselspiele* (»Bondage«): Der Sadist kann die Bewegungsfreiheit einer Masochistin nach Belieben einschränken, wobei Sexspielzeuge und Seile verwendet oder Käfige und Zwangsjacken benutzt werden. Der Akt der Fesselung ist dabei für beide erregend.

- *Schlagspiele* (»Flagellation«): Als Ausdruck der Machthierarchie werden dem Masochisten auf vielerlei Wegen Schmerzen zugefügt, z. B. mit Peitschen. Die Grenze zwischen Schmerz und sexueller Erregung verschwimmt.

Diese Rituale reichen häufig schon aus, um Befriedigung zu erlangen, ohne dass ein eigentlicher Orgasmus angestrebt und erreicht wird. Häufig wird die Erregung durch die Verwendung eines Fetischs gesteigert, oder die Beteiligten suchen Befriedigung in der voyeuristischen Beobachtung im Spiegel oder zwischen Anderen.

Das psychoanalytische Verständnis des Sadomasochismus hat drei Schwerpunkte:

- *Triebpsychologisch* werden Fixierungen in der analen Entwicklungsstufe angenommen, in der Schmerz und Lust eng aufeinander bezogen sind. Der Sadomasochismus bringt dabei Bemächtigung und Überwältigung des Liebesobjektes in aktiver und passiver Rollenverteilung zum Ausdruck.
- Die *Objektbeziehungstheorie* fokussiert auf die misslungene Loslösung von der präödipalen Mutter und die daraus resultierende Feindseligkeit ihr gegenüber. Danach wird die Loslösungsaggression sexualisiert und im Sadismus gegen das Objekt und im Masochismus gegen das Selbst gewendet.
- Die *Selbstpsychologie* schließlich betrachtet die Stabilisierung des Selbst durch erregende Körpererfahrungen als das maßgebliche Motiv, was allerdings die dichotome Rollenverteilung nicht erklärt.

Aufschlussreich erscheint mir, dass die perverse Inszenierung im Sadomasochismus das Ergebnis eines interaktionellen Zusammenspiels ist. In kaum einer anderen Schöpfung aus dem Unbewussten wird die intersubjektive Ko-Konstruktion so deutlich erkennbar wie im Sadomasochismus.

4. Vorlesung Besondere Spielarten des Sexuellen

Exhibitionismus und Voyeurismus

Exhibitionismus bezeichnet die Lust, sich Anderen nackt oder bei sexuellen Handlungen zu präsentieren, während Voyeurismus die Lust an der Beobachtung zum Inhalt hat. Exhibitionisten (von [lat.] exhibere: darbieten), auch »Spanner« genannt, sind fast immer Männer; sie erregen sich, indem sie vor zumeist überraschten Unbeteiligten ihr Glied herzeigen.

Voyeure (französisch: Seher) erreichen sexuelle Erregung, indem sie heimlich beobachten, wie andere sich entblößen oder nackt sind, oder indem sie Zärtlichkeit und Sexualität zwischen Anderen beobachten oder sich unbemerkt Fotografien von erregenden Körperanblicken beschaffen (Straßen-Voyeurismus). In den meisten Fällen wird durch gleichzeitige oder anschließende Masturbation ein Orgasmus erreicht.

Der Reiz liegt in der Realisierung von Phantasien über Sexualität, wobei komplexe Identifikations- und Projektionsvorgänge eine Rolle spielen. So kann ein männlicher Voyeur sich mit der beobachteten penetrierten Frau identifizieren. Er unterwirft sich dabei in der Phantasie einem Riesenphallus, der eigene Mängel kompensiert. Er kann sich aber auch mit dem beobachteten Mann identifizieren und sich an der Erregung der Frau ergötzen. Ein Exhibitionist kann im Erschrecken des Gegenübers auch seine Größenphantasien und Allmachtsgefühle ausleben. Damit kann er Defizite an Beachtung und Geltung kompensieren. Das ist oft mit der Vorstellung verbunden, phallisch unzureichend ausgestattet zu sein.

Man denkt bei dieser Paraphilie fast zwangsläufig an die phallische Entwicklungsphase mit ihrer Zeige- und Schaulust, an abgewehrte Kastrationsangst und an die Neugier auf die Urszene, d. h. auf den Geschlechtsverkehr zwischen den Eltern, von dem das Kind ausgeschlossen ist. Zugleich verweist sie auf sexualisierte narzisstische Größen- und Kleinheitsphantasien aus der Selbstentwicklung in der späten oralen, analen und phallischen Phase.

Exhibitionistische und voyeuristische Neigungen sind weit verbreitet. Sie sind als Vorlieben Teil der üblichen Sexualität. Mit der Kommerzialisierung der Sexualität und der Verbreitung von Werbung, Pornografie und dem Internet ist die Toleranz für exhibitionistische und voyeuristische Neigungen gestiegen. Sie gehören heute nahezu in den gesellschaftlichen

Alltag. Die Neigung wird zum Problem, wenn Exhibitionismus vor Kindern stattfindet.

Pädophilie

Bei der Pädophilie (von [griech.] pais: das Kind, der Knabe) geht es um das sexuelle Verlangen nach Kindern des anderen oder des eigenen Geschlechts, welche die Pubertät noch nicht erreicht haben, während wenig oder kein Interesse am Verkehr mit Erwachsenen besteht. Es wird diskutiert, ob sie den Paraphilien zuzurechnen ist oder nicht besser als eine Spielart der sexuellen Orientierung betrachtet werden sollte.

Mit den Kindern werden nicht unbedingt manifest genital-sexuelle Handlungen ausgeführt. Die Aktivität kann auf das Anschauen oder Streicheln begrenzt sein. Häufig kommt es zur versteckten Masturbation vor Kindern, ohne sich zu entblößen. Das Geschlecht des Kindes spielt dabei nicht unbedingt eine Rolle; es gibt aber auch eine Fixierung auf eine hetero-, homo oder bisexuelle Pädophile.

Hans

Er war Anfang 30, als Hans in einer narzisstischen Krise zu mir kam. Schon bald berichtete er, dass eine der wichtigsten Erfahrungen seiner Kindheit die Beziehung zu seinem Stiefvater war. Seine Mutter hatte ihn als Bardame kennengelernt und ihn geheiratet, als Hans noch ein Kind von 8 Jahren war. Seinen leiblichen Vater kannte er nicht.

In einer Art Vatersehnsucht ging er bald eine sehr innige Beziehung zu diesem Mann ein. Später kam es zu Zärtlichkeiten. Gelegentlich, zum Beispiel wenn er krank war, durfte er zwischen den Erwachsenen im Doppelbett schlafen. Bei diesen Gelegenheiten hielt der Stiefvater seine Hand. Er erinnert sich an rhythmische Geräusche und dass das Bett bebte. Er verstand das damals nicht, war jetzt aber überzeugt, dass der Stiefvater masturbiert hatte. Es wurde nie weiter über diese Ereignisse gesprochen. Auch seine Mutter hatte nie ein Wort über diese Beziehung verloren.

> Als Hans 14 Jahre alt war, trennten die Eltern sich. Für ihn war es eine Katastrophe. Er betrachtete die Beziehung zu diesem Mann als die einzige liebevolle in seiner Jugend. Erst im Verlauf seiner Behandlung gewann er Abstand und nahm wahr, dass er auch für dessen Bedürfnisse benutzt worden war. Als ich einmal das Wort missbrauchen benutzte, wehrte er sich heftig und fühlte sich unverstanden.

Am Beispiel der Pädophilie lässt sich der Einfluss der sozialen Normen und Verbote auf die Sexualität gut erkennen: Denn der Geschlechtsverkehr mit Kindern gilt als Frevel und ist in jedem Falle strafbar, auch wenn diese ihn wünschen oder ihr Einverständnis geben. Man spricht allerdings nur dann von Pädophilie, wenn zwischen beiden Partnern ein Altersabstand von mindestens fünf Jahren besteht und sich der eine mindestens am Ende der Pubertät befindet. Damit will man die Möglichkeit des sexuellen Kontaktes zwischen älteren Jugendlichen nicht unterbinden.[121]

Die Erscheinungen der Pädophilie sind vielfältig in Bezug auf das, was Pädophile begehren und was sie tun.

>»Sie begehren Jungen oder Mädchen, unterschiedliche Altersgruppen, präferieren unterschiedliche sexuelle Praktiken (von der Exhibition bis zur Penetration); einige haben flüchtige Kontakte mit vielen Kindern, andere wollen – mal fürsorgliche, mal manipulative – langfristige Partnerschaften; viele sind rücksichtsvoll gegenüber Kindern, andere üben Zwang, sehr wenige Gewalt aus…; andere, eine unbekannte Zahl, vielleicht sogar die meisten Pädophilen, sind lebenslang oder über lange Perioden hinweg abstinent, belassen ihre Wünsche in der Phantasie und führen mit großem seelischem Aufwand ein verzichtreiches Leben.«[122]

Psychodynamische Merkmale, die in der psychoanalytischen Behandlung von Pädophilen häufig gefunden und beschrieben worden sind, sind vor allem eine traumatisierende Mutterbeziehung, narzisstische Objektwahl und mangelhafte Triangulierung der symbiotischen Beziehung mit Hilfe des Vaters.[123] Das Grundthema der Pädophilie aus psychodynamischer Sicht ist der Versuch, traumatische Erfahrungen zu kompensieren. Es er-

---

121 Berner W (2011)
122 Was ist Pädophilie (11.12. 2011). Abgerufen von www.schicksal-und-herausforderung.de/was-ist-paedophilie [04.12.2018]
123 Lackinger F (2009)

scheint allerdings fraglich, ob die Pädophilie mit einem psychodynamischen Konzept ausreichend erklärt werden kann oder ob man darüber hinaus nicht eine biologisch-konstitutionelle Prädisposition annehmen muss.

Es gibt Ähnlichkeiten zwischen Pädophilie und Sadomasochismus. Beide sind von einem deutlichen Machtgefälle geprägt. Der entscheidende Unterschied ist aber die Freiwilligkeit und entwicklungsmäßige Gleichrangigkeit beim SM, während bei der Pädophilie das Kind dem Täter in der Regel wehrlos ausgesetzt ist. Es kann dem Übergriff bei seinem Einwicklungsstand keinen Widerstand entgegensetzen. Dieses Machtungleichgewicht gefährdet die Bewältigungskräfte und kann zu nachhaltigen Schädigungen führen.

Im Zusammenhang mit der Pädophilie gibt es verschiedene Grade von Störungserleben: Manche Pädophile erleben ihre Neigung ich-synton und sind damit einverstanden. Andere leiden darunter und wünschen sich eine andere Sexualität. In der Folge können Scham, Selbstzweifel, Depressionen und Ängste entstehen und Anlass geben, eine Psychotherapie in Anspruch zu nehmen.

Persönlichkeiten

Paraphilien führen zu einem Leben in zwei Welten, der Welt des Alltags und der des perversen Erlebens. Im Alltag herrschen die Gesetze der Realität, im perversen Erleben die Realitätsverleugnung. Diese Welten sind mit verschiedenen Gemütszuständen verbunden: dem alltäglichen und dem perversen Modus. Beide sind relativ strikt voneinander getrennt: Man kann von einer »Ichspaltung in der Paraphilie« sprechen. Am Übergang stehen erregende Wahrnehmungen und Phantasien, die eine Regression herbeiführen. In der Regression werden die perversen Phantasien produktiv ausgestaltet und konkretisiert – im Gegensatz zur Neurose, wo die Vorstellungen verdrängt werden. Freud[124] sprach deshalb von der Umkehrung des Entstehungsmechanismus im Vergleich zu Neurosen und nannte diesen Prozess Inversion.

---

124 Freud S (1905)

4. Vorlesung Besondere Spielarten des Sexuellen

Paraphilien kommen auf allen strukturellen Entwicklungsniveaus vor, von der reifen über die neurotische und die präödipale bis hin zur Borderline- und psychotischen Persönlichkeitsorganisation.[125] Dem entsprechend ändert sich auch ihre Intensität und Funktion im sexuellen Erleben: Das Entwicklungsniveau geht parallel zur Einbeziehung der Paraphilie in die Sexualität, zu ihrer Ausbreitung sowie zur Reife und Integration der Objektbeziehungen, in die diese eingebettet ist. Demnach besteht ein Kontinuum: Sie kann als *ein* Element die genitale Sexualität begleiten, sie kann sich aber auch verselbstständigen, von der Sexualität isoliert sein und den genitalen Akt völlig ersetzen. Parallel dazu besteht ein Kontinuum von reifen integrierten Objektbeziehungen einerseits hin zu unintegrierten Teilobjektbeziehungen andererseits.[126] Dem entsprechend ist auch der Anteil des perversen Erlebens in der Persönlichkeit unterschiedlich stark ausgeprägt.

- Auf der einen Seite des Spektrums steht die Paraphilie bei *reifen bzw. neurotischen Persönlichkeiten*. Hier handelt es sich um eine Verarbeitung von Erfahrungen und Phantasien durch Sexualisierung. Sie sind begrenzt auf das Vorspiel und begleiten den genitalen Akt. Auch der perverse Erlebnismodus ist begrenzt und gut vom Alltagsmodus unterschieden. Reifere Paraphilien sind nicht übermächtig und lassen auch anderen Formen der Sexualität Raum. Diese Form der Paraphilie hat als Vorspiel im Liebesleben einen bedeutenden Platz. Sie ist gewissermaßen eine *verdeckte Form der Genitalität*.
- Auf der anderen Seite stehen vielfältige »verselbstständigte« perverse Akte bei *gering entwickelten Persönlichkeiten*. Sie dienen hier dem Ziel, die Integration des Ich und die Kohärenz des Selbst zu sichern. Dazu werden prägenitale Teilobjekte und Objektbeziehungen sexualisiert. Hier geht es nicht vorrangig um sexuelles Begehren und sexuelle Phantasien, sondern um sexualisierte präödipale Beziehungsphantasien. Diese Form der Paraphilie ist eine *verdeckte Form der Beziehungssehnsucht*. Sie stellt

---

125 Zur Strukturdiagnostik vgl. mein Lehrbuch: Ermann M (2020) Psychotherapie und Psychosomatik »Psychotherapie und Psychosomatik«
126 Kernberg O (1985)

eine Plombe[127] dar, die einen Defekt im Selbst auffüllt. Paraphilien bei gering entwickelten Persönlichkeiten haben eine suchtartige Komponente. Sie sind meistens so beherrschend, dass andere Formen der Befriedigung nicht möglich sind. Dabei sind die Gemütszustände, die vom perversen Modus des Erlebens geprägt sind, dominant und können nicht kontrolliert werden. Die Paraphilie dringt in den Alltag ein und droht, die alltäglichen Beziehungen zu zerstören.
- Dazwischen stehen Paraphilien bei *präödipalen Persönlichkeiten*. Sie dienen vor allem der Regulierung des Selbstwert- und Sicherheitsgefühls. Dabei wird der Narzissmus sexualisiert. Das bedeutet: Der perverse Akt, z. B. eine exhibitionistische Inszenierung, vermittelt eine Illusion von Allmacht, Bewunderung und Größe, und zwar in einem aktiven oder passiven oder auch wechselnden Modus. Sie dienen einer Pseudoautonomie, denn man kann über den Fetisch jederzeit verfügen oder den Anderen in der Phantasie oder real kontrollieren. Damit verleugnen sie die reale Abhängigkeit von Anderen und schaffen eine Pseudounabhängigkeit.

»Perversionen« und die Psychoanalyse

Paraphilien werden in der Psychoanalyse auch heute noch unter dem früher gebräuchlichen Begriff Perversion betrachtet. Obwohl er als obsolet gilt, wird er nach wie vor als psychodynamischer Begriff verwendet. Er ist abgeleitet von [lat.] perversus für verdreht oder verkehrt und spielt darauf an, dass Perversionen vom Ziel der Fortpflanzung abweichen. In diesem Sinne beschrieb Freud Perversion oder Inversion als »Abweichungen in Bezug auf das Sexualobjekt« unter der Überschrift »Die sexuellen Abirrungen«[128], die nicht auf die Vereinigung von Mann und Frau mit der Möglichkeit der Fortpflanzung ausgerichtet sind.

Grundsätzlich gilt, dass Paraphilien immer eine höchst persönliche Ausgestaltung und Umsetzung unbewusster Phantasien darstellen. Für das Verständnis des Einzelfalles muss die individuelle Dynamik sorgfältig

---

127 Morgenthaler F (1984)
128 Freud S (1905), Kapitel 1

herausgearbeitet werden. Vorschnelle Verallgemeinerungen werden den Betroffenen nicht gerecht. Dennoch gibt es einige Grundmuster, deren Kenntnis bei der Klärung des Einzelfalles hilfreich ist: Dabei zeigt sich bei den meisten Paraphilien eine traumatisierende Mutterbeziehung in der Kindheit, eine mangelnde Triangulierung der dyadischen präödipalen Beziehung zur Mutter mit Hilfe des Vaters (Stickwort »schwacher triangulärer Vater«[129]) und eine narzisstische Objektwahl.

Der triebpsychologische Ansatz

Unter dem Einfluss der Triebtheorie (▶ 2. Vorlesung) wurden Perversionen lange ausschließlich als Fixierung oder als Regression auf frühe Stufen der Triebentwicklung verstanden. Dadurch werden Partialtriebe aus verschiedenen Phasen der Triebentwicklung aktiviert und in die Sexualität einbezogen. Das geschieht nach Freud vor allem in der Pubertät, wenn das sexuelle Begehren stärker wird.

- So wird die *Zeigelust* der phallischen Entwicklung zur Grundlage des Exhibitionismus.
- Anale *Machtkämpfe* können in sadomasochistischen Beziehungen als Perversion wiederbelebt und befriedigt werden.
- Die *Oralerotik* der Kindheit kann in Leck- und Lutschspielen zwischen Erwachsenen wieder lebendig werden.

Die Regression dient nach dieser Auffassung der Abwehr von Konfliktängsten, die mit der genitalen Sexualität verbunden sind. Dabei werden fixierte orale und anale Partialtriebe mit sexueller Erregung verknüpft. Diesen Vorgang nennt man Sexualisierung.

Letztlich geht es bei Freud immer um Kastrationsangst. Sie wird durch die Beobachtung des Geschlechtsunterschiedes und besonders durch die Entdeckung der Penislosigkeit der Mutter in Gang gesetzt. So hilft ein Fetisch, den Blick von der penislosen Mutter abzuwenden.[130] In der Per-

---

129 Ermann (1985)
130 Freud S (1927)

version zeigt sich demnach die Verleugnung der Penislosigkeit der Mutter. Ein Kleidungsstück oder ein Ritual repräsentiert zumeist die Mutter als »unbeschädigtes« Objekt. Ein Fetisch repräsentiert – immer im triebtheoretischen Ansatz betrachtet – aber auch den (phantasierten) Phallus der Mutter. Für Mädchen bzw. Frauen ist er zudem Ersatz für ihren verlorenen Phallus – so Freud – und für einen neidvoll erwünschten eigenen Penis. Diese Anschauung hat für höher strukturierte (neurotische) Paraphilien eine gewisse Gültigkeit behalten. Die Zentrierung auf Kastrationsangst und Penisneid als Angelpunkt ist aber aus heutiger Sicht zu einseitig. Viel wichtiger erscheint, dass die Intimität der perversen Situation eine Intensität von Beziehung ermöglicht, die das verlorene Paradies der Symbiose mit der Mutter der Frühzeit und die Sehnsucht nach dem triangulären bzw. dem ödipalen Vater ersetzen kann.

Neuere Konzepte

Heute ist an die Stelle der Triebpsychologie die Betrachtungsweise gerückt, dass Perversionen ihre Wurzel in unaufgelösten, defizitären präödipalen Mutter-Kind-Beziehungen haben. Sie sind geprägt durch einen Mangel an Empathie, Spiegelung und Halt sowie durch traumatische Entbehrungen und Ablehnung und bewirken, dass »Löcher« in der Ichstruktur und im Selbstkonzept erhalten bleiben. Diese disponieren zur Regression. Perversionen haben in diesem Verständnis das Ziel, eine fragile Ichintegration und das Selbstwertgefühl zu stützen und aufrechtzuerhalten. Morgenthaler spricht von einer »Plombe«, die dem Ich ein weitgehend störungsfreies Funktionieren ermöglicht.[131]

Ähnlich beschrieb Mervin Glasser[132] einen Individuationskonflikt als Kernkonflikt der Perversion. Dieser besteht in einem ausgeprägten Nähewunsch gegenüber der Mutter, deren Nähe aber zugleich mit der Angst vor einem Selbstverlust verbunden ist. Es wird vermutet, dass dieser Konflikt im weiteren Entwicklungsverlauf nicht hinreichend durch eine Triangu-

---

131 Morgenthaler F (1974)
132 Glasser S (1986)

lierung[133], d. h. durch das Hinzutreten des Vaters oder einer anderen bedeutsamen Bezugsperson als »Dritter«, aufgelöst wird und deshalb fortbesteht. In der Perversion wird dieser Komplex sexualisiert. Im Rahmen der Objektbeziehungstheorie wird der Fetisch als Übergangsobjekt[134] verstanden. Es ersetzt einen Mangel in der Beziehung zur Mutter oder verleugnet die Trennung von ihr. Der perverse Akt erscheint als ein Übergangsphänomen. Er wird durch sinnliche Verknüpfungen mit alten Eindrücken und Erfahrungen aus der prägenitalen Entwicklung vertieft und stabilisiert, zum Beispiel durch Verknüpfungen mit Geruch, Anblick und taktiler Beschaffenheit bei Materialien wie Leder oder mit traumatischen Erfahrungen beim Schlagen und Ertragen von Schmerzen.

Das Wesentliche der Perversion ist aus der Sicht der Objektbeziehungstheorie die Sexualisierung. Sie betrifft vor allem Beziehungsphantasien und aggressive Affekte. Anders als Freud sieht die Objektbeziehungsperspektive weniger die Fixierung der Sexualität an sich. Robert Stoller spricht daher von der Perversion als einer »erotischen Form von Hass«[135]. Die sexualisierte Aggression dient der Loslösung aus dem Mutterkomplex, aber auch der Rache für Entbehrungen und frühere Traumatisierungen. Das erklärt auch das aggressive Potenzial, das vielen perversen Handlungen innewohnt.

Die Einführung eines Fetischs schafft Abstand und zugleich große Intimität. Er befreit von der Mutter und vermittelt die Illusion der Nähe zu ihr. Das macht verständlich, weshalb Männer häufiger paraphile Interessen haben als Frauen. Denn anders als Frauen müssen sich Männer in ihrer Entwicklung von der präödipalen Mutter als ihrem ersten Liebesobjekt lösen, um über die Identifikation mit dem Vater zur Männlichkeit zu gelangen. Mit der Perversion als Übergangsphänomen können sie jedoch der Mutter unbewusst verbunden bleiben.

Kernberg[136] zeigte an Borderline-Patienten, wie sich im Sexualverhalten unverhüllt jene polymorph-perverse sexuelle Veranlagung zeigt, von der Freud ausgegangen war. Er sieht in der Paraphilie den Versuch, durch

---

133 zum Konzept der Triangulierung: Abelin E (1971), Ermann M (1985)
134 Winnicott DW (1951)
135 Stoller RJ (1975)
136 Kernberg O (1985)

Sexualisierung einer zumeist sadistischen frühen Objektbeziehung Kontrolle über den Anderen auszuüben. Dabei geht es vor allem darum, Sicherheit und Ichstabilität durch die Anwesenheit des Anderen zu schaffen. Durch die Sexualisierung des Sicherheitsbedürfnisses wird eine enge Verbindung mit dem Partner angestrebt, indem sie in geheimnisvolle, lustvolle, höchst intime Praktiken eingebettet wird. So wird z. b. im Arrangement von Herrschen und Beherrschtwerden oder durch die Einigung auf einen Fetisch die Intensität des Wunsches nach einer innigen, ausschließenden Beziehung deutlich, im Grunde nach Verschmelzung.

Beim perversen Akt geht es aus neuerer Sicht also nur vordergründig um *sexuelle* Befriedigung. Das eigentliche Ziel der Paraphilie ist aus dieser Sicht die Kontrolle über den Anderen, durch die die Ichintegration und die Kohärenz des Selbst stabilisiert werden.[137] Das erklärt, dass viele perverse Akte, z. B. Bondage oder Peitschenrituale, auch ganz ohne genital-sexuelle Handlungen und ohne einen Orgasmus auskommen und dennoch als befriedigend erlebt werden können.

Max

Bei Max handelt es sich um einen Fall aus der Supervision, den ich als sadomasochistische Beziehung beschreiben würde. Er war ein Mann Ende 50, der als Krankenpfleger im OP arbeitete. Er kam wegen lang anhaltender Eheprobleme. Er war fast 30 Jahre verheiratet mit einer Krankenschwester, von der er sich völlig kontrollieren und bevormunden ließ. Sie baute ein regelrecht paranoides Kontrollsystem um ihn herum auf: Er durfte keine Freundschaften pflegen, weil sie überzeugt war, die Freunde würden sie hassen und könnten ihr heimlich etwas antun; er durfte kein Hobby betreiben und fast nie ohne sie das Haus verlassen. Wenn er allein außer Haus war, geriet sie in Panik. Es war völlig unverständlich, wie er das aushielt.

Dann berichtete er seiner Therapeutin, was ihn all die Jahre an diese Frau gebunden hatte: Sie war die einzige, bei der er sexuell potent war. Er schilderte eine suchtartige Abhängigkeit vom Sex mit ihr, obwohl er sie körperlich gar nicht besonders anziehend fand. Die sexuellen

---

137 Khan MMR (1979), Morgenthaler F (1984)

Handlungen verliefen angeblich in üblichen Bahnen, außer, dass er im Vorspiel, das oft stundenlang dauerte, »brav bitten« musste. Manchmal quälte sie ihn damit, dass sie sich längere Zeit entzog. Das geschah besonders dann, wenn er nicht »gehorsam« gewesen war. Schließlich konnte er der Therapeutin eine Phantasie anvertrauen, die zur Klärung beitrug: Er erlebte sich während der Sexspiele mit seiner Frau als kleiner Junge, der von seiner Mutter gezwungen wurden, sie genital zu befriedigen. Diese Phantasie erregte ihn. Sie hatte Bezug zu seiner realen Mutter, die ihn seit der frühen Trennung von seinem Vater fortwährend dominiert und ihm vermittelt, dass sie ohne ihn nicht überleben würde. Man konnte seine Unterwerfung in der unbefriedigenden Ehebeziehung danach als Mutterübertragung verstehen und seine Bettelei, wie er es nannte, als sexualisierten Hass. So wurde auch verständlich, dass er bei anderen Frauen nicht potent sein konnte, denn das hätte vor dem Hintergrund seiner Übertragung bedeutet, sich von seiner Mutter zu lösen und sie womöglich zu töten. Diese Sicht wurde auf dem biografischen Hintergrund auch nachvollziehbar. Ich nenne nur die Eckpunkte: Einzelkind, Wochenbettdepression und wiederkehrende depressive Zustände der Mutter, Scheidung der Eltern in der frühen Kindheit. Er wurde Ersatzpartner der Mutter, die nie wieder einen Mann hatte.

Im Ergebnis zeigt sich, dass das psychoanalytische Verständnis der Paraphilien heute deutlich über die ursprüngliche triebpsychologische Sichtweise hinausgeht. Der Schwerpunkt hat sich von der Ödipalität hin zur präödipalen Mutterbindung verschoben. Diese wird weniger unter dem Aspekt der libidinösen Bindung als unter dem der Aggression gesehen. Außerdem wird heute die Funktion der Stabilisierung des Selbst betont.

Behandlung

Wie einleitend betont, sind paraphile Vorlieben und Handlungen als solche aus heutiger Sicht keine Krankheiten, sondern Spielarten und Teil des Sexuellen. Es besteht im Allgemeinen weder Leidensdruck noch eine Veranlassung zur psychotherapeutischen Behandlung. Nur wenn daraus ein subjektives Krankheitsgefühl oder negative soziale Folgen[138] entstehen, spricht man von einer Störung. Dann stellt sich die Frage der Behandlungsbedürftigkeit und des Behandlungszieles.

Dabei spielen Voreinstellungen eine entscheidende Rolle. Therapeuten, die eine Paraphilie grundsätzlich als schwere Pathologie betrachten, werden dazu neigen, eine Auflösung anzustreben. Andere, die wie ich viele Paraphilien als kreative Ichleistungen im Dienst der Stabilisierung des Selbst verstehen, werden ihre Aufgabe darin sehen, die Akzeptanz und Integration in die Gesamtpersönlichkeit zu fördern.

Ähnlich wie bei den Sexualstörungen spielt für die Patienten die Erfahrung eine entscheidende Rolle, mit ihrer Paraphilie »anzukommen« und angenommen zu werden. Das bedeutet für Therapeuten eine große Herausforderung. Sie müssen sich bis zu einem gewissen Grad mit der »Perversion« der Patienten identifizieren, um sie mit ihnen zusammen von innen heraus zu betrachten. Dazu müssen sie sich womöglich durch aversive Empfindungen, durch Abneigung und Ekel und durch die Verachtung von Menschen, die sich perversen Akten hingeben, hindurcharbeiten. Ohne die Verarbeitung und Überwindung aversiver Gegenübertragungen haben solche Behandlungen keine Chance.

Wenn es gelingt, einen fruchtbaren therapeutischen Prozess in Gang zu setzen, werden sich perverse Mechanismen auch in der Behandlung bearbeiten lassen. Dabei zeigt sich oft die Verleugnung der Abhängigkeit von der Analytikerin oder vom Analytiker im Rahmen einer präödipalen Mutterübertragung. Häufig entsteht eine Pseudointimität nach dem Muster, sie oder ihn in sich isoliert und unter Kontrolle zu halten, statt in Beziehung zu sein.[139]

Die Behandlungskonzepte variieren je nach der zu Grunde liegenden Reife und Struktur der Persönlichkeit. Bei dem großen Anteil narzisstischer Pathologien wird man versuchen, durch geduldiges Hinhören und einfühlende Kommentare die narzisstische Leere und Erregung zu mäßigen und Leerstellen im Selbst zu füllen – ganz unabhängig von der Paraphilie. Dadurch kann die perverse Plombe ihre Notwendigkeit verlieren, jedenfalls als beständiger Wächter.

---

138 z.B. bei strafbaren pädophilen Handlungen.
139 Etchegoyen RH (1991)

4. Vorlesung Besondere Spielarten des Sexuellen

Wie die meisten Analytiker vertrete ich die Auffassung, dass sich mit der Bearbeitung von Konflikten, Selbstzuständen und Beziehungsproblemen über die haltende Funktion der Dialoge und prozedurale Neuerfahrungen in der analytischen Beziehung auch etwas an der Paraphilie ändern kann. Das gilt auch für solche Behandlungen, die wegen ganz anderer Themen begonnen werden, bei denen im Verlauf aber eine Paraphilie erkennbar wird. Ich habe dabei die Erfahrung gemacht, dass man umso mehr erreichen kann, je weniger man an der Paraphilie ändern will.

Transgender, Transidentität und nicht-binäre Geschlechtsidentität

Es ist mehrfach davon die Rede gewesen, dass die Geschlechtsidentität durch kulturelle und gesellschaftliche Normen und Rollen geprägt wird. Dabei ist das Geburtsgeschlecht, d.h. die bei der Geburt erkennbaren biologischen Geschlechtsmerkmale, der Ausgangspunkt für das Zuweisungsgeschlecht zur Kategorie weiblich oder männlich. Es gibt aber Menschen, die sich auf Grund ihres subjektiven Geschlechtsempfindens nicht dem Geschlecht zugehörig fühlen, das ihnen auf Grund ihrer körperlichen Merkmale bei der Geburt zugewiesen worden ist. Für diese Menschen verwenden wir die Bezeichnung *Transgender* und *nicht-binäre Geschlechtsidentität*. Dazu gehören der *Transvestitismus* und die *Transidentität*. Manchmal wird auch die Intersexualität hinzugerechnet, bei der auf Grund unklarer körperlicher Geschlechtsmerkmale sekundär auch sexuelle Identitätsprobleme entstehen können. In diesem Buch wird sie im anschließenden Abschnitt gesondert abgehandelt.

Stimmt das Erleben der Geschlechtsidentität nicht mit den Geschlechtsmerkmalen des Körpers überein, so spricht man von *Geschlechtsinkongruenz*. Leidet eine Person unter der fehlenden oder beeinträchtigten Übereinstimmung, wird dies als *Geschlechtsdysphorie* bezeichnet, die als Störung gilt.

In einem Dschungel von Bezeichnungen haben sich als Oberbegriffe für Personen mit Geschlechtsinkongruenz die Bezeichnungen *Transgender* oder *Trans** eingebürgert. Am häufigsten spricht man heute von *Transidentität*, synonym für *Transsexualität* oder *Genderdysphorie*. Bisweilen taucht inzwischen auch im Deutschen der amerikanische Begriff *Gender Identity Disorder (GIS)* auf. Dabei steht Gender [engl.] für das biologische und soziokulturell zugewiesene Geschlecht, trans [lat.] bedeutet »jenseits, darüber hinaus« und bezieht sich auf die Abwendung vom Geburtsgeschlecht. Betroffene bezeichnen sich selbst als *Trans*Menschen*. Der * verweist auf die nicht-binäre Vielfalt der Möglichkeiten. Man spricht von Trans*Mann (oder Frau-zu-Mann Mann) bei einem Menschen mit einem weiblichen Geburtsgeschlecht, der aber als Mann identifiziert ist; entsprechend ist eine Trans*Frau eine Frau, die als Mann geboren worden ist.

Transgender und Geschlechtsinkongruenz

Transgender gilt heute als Oberbegriff für Geschlechtsidentitäten, bei denen eine Inkongruenz zwischen dem Geburtsgeschlecht und dem subjektiven Geschlechtserleben besteht, wobei der biologische Befund (Geschlechtsorgane, Hormone) unauffällig ist. Die Ablehnung der körperlichen und der mit der Sozialisation zugewiesenen psychosozialen Geschlechtlichkeit kommt bisweilen bereits bei Kindern vor; eine dauerhafte Stabilität entwickelt sich zumeist erst in der Pubertät. Sie ist unabhängig von der sexuellen Orientierung und sexuellen Vorlieben.

Transgender können also ohne Bezug auf ihr subjektives Geschlechtsempfinden in ihrer Geschlechtsorientierung heterosexuell, homosexuell oder bisexuell sein. Sie können auch alle möglichen paraphilen Neigungen haben. Durch Verknüpfung mit sexuellen Vorlieben ergibt sich ein buntes Bild. So kann zum Beispiel eine Trans*Frau als Heterosexuelle Männer lieben, denen gegenüber sie als Domina auftritt. Ebenso kann ein Trans*Mann als Homosexueller Männer bevorzugen und voyeuristische Befriedigung suchen.

Als Untergruppe der Transgender sind heute *Bigender* anerkannt. Es handelt sich um Menschen mit einer unklaren Geschlechtsidentität. Trotz einem eindeutigen Geburtsgeschlecht (biologisch als Frau oder als Mann) fühlen sie sich in ihrem Selbsterleben teils männlich, teils weiblich. Entsprechend bewegen sie sich in ihrem Verhalten zwischen beiden Polen. Diese Identität beschreibt das Selbsterleben der Betroffenen und nicht die Präferenz ihrer Partnerwahl. Insofern ist sie etwas anderes als die psychische Bisexualität, bei der es um die sexuelle Orientierung geht, die dort auf Frauen und Männer ausgerichtet ist.

Als Gegenstück zur Trans*Sexualität spricht man von *Cissexualität*[140] ([lat.] cis: diesseits) um die Übereinstimmung der gefühlten Geschlechtsidentität mit dem biologischen Geschlecht zu bezeichnen. In Insiderkreisen werden Nicht-Trans*Menschen Bio-Menschen (Bio-Mann, Bio-Frau) genannt.

Kasten 11: Transgender bzw. Geschlechtsinkongruenz

- **Transvestitismus:** Tragen gegengeschlechtlicher Kleidung ([lat.] vestire: kleiden), um sich zeitweise in der gegengeschlechtlichen Rolle zu erleben. Das eigene Geschlecht wird aber nicht unbedingt abgelehnt. Das Umkleiden ist (anders als beim Fetischismus) nicht mit sexueller Erregung verbunden.

- **Transidentität (Transsexualität, Geschlechtsdysphorie):** Der drängende Wunsch, dem anderen Geschlecht anzugehören und als Angehöriger des Wunschgeschlechts anerkannt zu sein. Ein Teil der Betroffenen, aber nicht alle, strebt eine soziale und/oder körperliche Geschlechtsanpassung (»Umwandlung«, Transition) an.

Die Grenze zwischen Transgender als Lebensform und Geschlechtsdysphorie als Störung der Geschlechtsidentität ist fließend, ähnlich wie bei anderen Spielarten des Sexuellen auch. Nach medizinischer Konvention ist das Konzept Störung an subjektives Krankheitsgefühl bzw. Leidensdruck gebunden. Das Leiden im mitgebrachten biologischen Geschlecht bis hin zum Veränderungswunsch würde hingegen dafür sprechen, den meisten Formen von Transgender einen Störungswert zuzusprechen. Dem steht aber entgegen, dass Transgender sich im Allgemeinen nicht als psychisch

---

140 Sigusch V (1991)

krank fühlen. Da die Diagnose einer psychischen Störung als Diskriminierung erlebt wird, besteht in den westlichen Ländern zudem die Tendenz, zumindest die Transidentität aus den psychiatrischen Krankheitsklassifikationen herauszunehmen. In manchen Ländern wie in Dänemark und Schweden ist die Verwendung entsprechender Begriffe als Krankheitsdiagnose bereits gesetzlich untersagt.

Transvestitismus

Beim Transvestitismus lieben Frauen es, in Männerkleidung zu erscheinen, während Männer gern in Frauenkleidern auftreten (▶ Abb. 4.2). Man nennt das *Crossdressing*. Dabei benutzen Transvestiten die Kleidung des anderen Geschlechtes, um sich vorübergehend in der gegengeschlechtlichen Rolle zu erleben. Eine sexuelle Motivation oder Erregung besteht dabei nicht. Ebenso wird keine Geschlechtsangleichung angestrebt. Transvestitismus kommt bei Männern und bei Frauen vor und ist unabhängig von der sexuellen Orientierung. Transvestiten können demnach hetero-, homo- oder bisexuell sein.

Wenn sich jemand verkleidet, um die Erfahrung zu machen, wie er sich in der Rolle des anderen Geschlechtes fühlt, wird dieses Verhalten der Geschlechtsdysphorie zugeordnet. Wenn die Verkleidung und das Kleidungsstück des anderen Geschlechts hingegen der sexuellen Erregung dienen, spricht man von einem transvestitischen Fetischismus. Er wird fast nur bei heterosexuellen Männern angetroffen und gilt als Paraphilie.

Verbunden mit dem Transvestitismus ist eine unklare Geschlechtsidentität. Zwar wollen Transvestiten ihr reales Geschlecht nicht unbedingt wechseln. Jedenfalls fehlt der drängende Wunsch, das Geschlecht dauerhaft zu verändern, der für Transidente charakteristisch ist. Ihnen genügt zur Selbstberuhigung die Erkundung der gegengeschlechtlichen Rolle, wodurch sie zeitweise aus ihrem biologischen Geschlecht heraustreten. Darin zeigt sich eine Ambivalenz gegenüber ihrem realen Geschlecht. Auch entwickeln sie einen gegengeschlechtlichen Habitus in Bewegung, Sprache und Mimik und zeigen sich in der Kleidung des bevorzugten Geschlechts auch in der Öffentlichkeit. Das ermöglicht es ihnen, in Phantasie jemand anders zu sein als sie in der Realität sind.

4. Vorlesung Besondere Spielarten des Sexuellen

Abb. 4.2: Josef Meißauer war 1911 der erste Transvestit, der aufgrund eines Gutachtens von Magnus Hirschfeld einen polizeilich beglaubigten »Transvestitenschein« erhielt. Dieser sollte ihn vor Festnahmen wegen der Erregung öffentlichen Ärgernisses schützen (Bild von 1911, Fotograf unbekannt).

Transvestiten haben selten einen persönlichen Leidensdruck. Allerdings wird die Vorliebe oft lange verborgen und geheim gehalten. Es kann zu Problemen in Beziehungen und im Alltag kommen. Daraus können sich gelegentlich Belastungsreaktionen ergeben, die zum Anlass für eine psychotherapeutische, zumeist stützende Intervention werden.

Transidentität (Transsexualität, Geschlechtsdysphorie)

Transidentität ist eine Unsicherheit im sexuellen Selbst. Transidente Menschen erleben sich in einem falschen Körper – oder anders gesagt: Sie empfinden, dass ihr Körper und ihr sexuelles Selbsterleben nicht zusammenpassen. Dieses Fremdheitsgefühl bewirkt, dass sie ihren Körper, ihr zugewiesenes Geschlecht und schließlich sich selbst in Gänze ablehnen. Sie haben den Wunsch, dem anderen Geschlecht auf Dauer zuzugehören und mit ihrem Wunschgeschlecht anerkannt zu werden.

Synonym für Transidentität fand lange der Begriff *Transsexualität* Verwendung. Er wird auch heute noch gebraucht. Da es sich vorrangig aber um ein psychisches Phänomen handelt, ist die bessere Bezeichnung *Transidentität*. Denn es besteht vorrangig ein Problem im geschlechtlichen Selbsterleben und kein eigentlich sexuelles Problem im Sinne des Begehrens, Handelns und der Befriedigung.

Früher wurde Transidentität als Zeichen einer schweren psychischen Erkrankung gewertet. Heute wird davon ausgegangen, dass sie als Spielart des Sexuellen das ganze Spektrum von psychischer Gesundheit bis zur schweren Störung umfassen kann. Eine kausale Beziehung zwischen Transidentität und psychischer Gesundheit respektive Krankheit besteht indessen nicht.[141] Dem entsprechend findet man bei Transidentität alle Ebenen der Persönlichkeitsentwicklung von reifen Persönlichkeiten bis hin zur Borderline-Pathologie.

Der drängende Wunsch, dem anderen Geschlecht anzugehören und nicht dem angeborenen, äußert sich darin, dass transidente Menschen in möglichst allen Bereichen die Identität wechseln und dem anderen Geschlecht angleichen. Sie wechseln z. B. ihren Namen und tragen entsprechende Kleidung. Damit kann das Verlangen verbunden sein, eine Geschlechtsangleichung anzustreben. Das geschieht im psychosozialen Bereich durch Veränderung des Aussehens, des Auftretens und durch Namensänderung. Viele, aber durchaus nicht alle, lassen sich mit Hormonen oder mit geschlechtsverändernden Operationen auch körperlich dem bevorzugten Geschlecht angleichen.

Das Missempfinden gegen das biologische Geburtsgeschlecht drückt sich in Gefühlen der Fremdheit und Ablehnung des Körpers aus. Manche transidente Menschen empfinden auch Ekel und Abscheu vor ihren Geschlechtsorganen. Andere entwickeln im Zusammenhang mit ihren Befindensstörungen depressive Verstimmungen, oft auch als Reaktion auf Provokationen aus dem Umfeld oder Diskriminierungen. Unabhängig

---

141 Rauchfleisch U (2016)

davon können auch primär psychische Störungen vorhanden sein. Dabei zeigt sich ein Zusammenhang mit der Persönlichkeitsstruktur: Je geringer die psychische Struktur entwickelt und integriert ist, umso ausgeprägter die Komorbidität mit anderen Störungen.

Es ist umstritten, ob man Transidentität überhaupt als Krankheit einstufen kann. Udo Rauchfleisch bezeichnet sie als Normvariante der menschlichen Identitätsentwicklung.[142] In Frankreich sieht man in der Bewertung der Transidentität als psychische Störung eine Stigmatisierung, die zur Diskriminierung transidenter Menschen beiträgt. Deshalb darf »Transsexualität« dort seit 2009 nicht mehr als Diagnose verwendet werden. Ähnliche Entwicklungen gibt es in Skandinavien. Im ICD-11, der 2022 in Kraft getreten ist, wird sie nicht mehr als psychische Störung auftauchen.

Es gibt aber auch gegenläufige Tendenzen. So hat – zur Empörung der Öffentlichkeit – das Weiße Haus im März 2018 ein neues, weitreichendes Verbot von Transgender-Rekruten im US-Militär angekündigt. Personen, die sich bereits einer geschlechtsangleichenden OP unterzogen haben oder das planen, sollen nicht mehr zum Militärdienst zugelassen werden. Der damalige US-Verteidigungsminister und die Heimatschutzministerin seien zu dem Schluss gekommen, dass die Zulassung solcher Rekruten ein »bedeutendes Risiko« für den militärischen Erfolg darstellen, hieß es in der Mitteilung aus Washington.

Zur Entstehung und Psychodynamik

Die Ursachen der Geschlechtsdysphorie und insbesondere der Transidentität sind bis heute nicht ergründet. Es gab verschiedene Erklärungsversuche, die sich nicht bewährt haben. Insbesondere forschte man bisher vergeblich nach hirnorganischen und endokrinologischen Abweichungen oder erblichen Dispositionen.

Die psychodynamische Hypothese führt sie auf ein diskrepantes Wunschdenken der Eltern in Bezug auf das Kindesgeschlecht zurück. Danach soll der enttäuschte Wunsch der Eltern – wie auch immer dieser

---

142 Rauchfleisch U (2017)

begründet sein mag – nach einem Kind mit einem anderen als dem tatsächlichen Geschlecht eine Geschlechtsdysphorie bewirken können. Stoller[143] schildert in diesem Zusammenhang eine eindrucksvolle Familiendynamik, in der die transidente Entwicklung eines Jungen in die ungelebte Transidentität der Mutter eingewoben ist. So eindrucksvoll solche Schilderungen auch sein mögen, sie sind in Bezug auf die Entstehung der Transidentität nicht zu verallgemeinern. Es ist dagegen einzuwenden, dass es viel mehr Menschen mit einer Geschlechtsdysphorie geben müsste, wenn dadurch tatsächlich eine langandauernde oder irreversible Störung der Geschlechtsidentität hervorgerufen werden sollte. Wahrscheinlicher ist, dass es sich um ein ganzes Bündel von Einflüssen handelt, die bewirken, dass das biologische und das gefühlte Geschlecht nicht zusammenpassen.[144]

Bedeutsam für das Verständnis der Geschlechtsdysphorie ist die Annahme, dass die biologisch-körperliche und die psychosoziale Entwicklung zwar im Allgemeinen aufeinander abgestimmt, aber letztlich unabhängig voneinander sind. Sie müssen in Hinblick auf weibliche und männliche Anteile nicht gleichsinnig verlaufen. Bei der Transidentität könnte man bildhaft von einem »Programmierungsfehler« sprechen, der bewirkt, dass die Feinabstimmung zwischen männlichen und weiblichen Anteilen im biologisch-körperlichen und im psychosozialen Bereich nicht aufeinander abgestimmt sind und die Verknüpfung daher misslingt. Als Hintergrund sieht Ilka Quindeau die von Freud beschriebene konstitutionelle Bisexualität, die sowohl im Körperlichen als auch im Psychosozialen zweigeschlechtlich angelegt ist.[145] Man kann mithin annehmen, dass die sexuelle Körperlichkeit und das Geschlechtsempfinden zwei unabhängige Größen in der Entwicklung darstellen und nicht eine unauflösbare bio-psychosoziale Einheit.

Die Tatsache, dass wir keine psychodynamischen Beweise für die Ätiologie der Transidentität kennen, bedeutet natürlich nicht, dass transidente Menschen keine Psychodynamik hätten. Aber diese erscheint als Folge und nicht als Ursache der Dysphorie. Diese bewirkt tiefe Zweifel am Selbst – eine tiefe Unsicherheit, wie man dem Anderen begegnen kann. Nach

---

143 Stoller R (1975)
144 Reiche R (1997), Preuss WF (2016)
145 Quindeau I (2014)

unserem heutigen psychoanalytischen Verständnis geht es dabei um eine Auseinandersetzung mit Bindung und Beziehung, in denen das Selbst gespiegelt und erschaffen wird. Es geht um die Sehnsucht, vom Anderen so gesehen zu werden, wie man sich selbst erlebt – nämlich in seiner Zerrissenheit mit dem Wunsch nach einer anderen Identität.

Die Kenntnis dieser Dynamik ist bei der Psychotherapie hilfreich, um seine Position als Psychotherapeut zu verstehen. Sie liegt darin, die Selbstakzeptanz der Betroffenen als Transidente zu stärken und ihnen zu einem besseren Selbstbewusstsein und einem stabileren Selbstgefühl zu verhelfen. Das geschieht am ehesten, wenn man sie als die sieht, die sie sind: Menschen zwischen den Geschlechtern. So betrachtet, ist es das Ziel die Anerkennung der Realität. Es ist aber ausdrücklich nicht das Ziel, die Identität als solche zu verändern.

Nora

N. war als Mann geboren worden. Soweit sie sich erinnern kann, war sie mit ihrem männlichen Geschlecht unglücklich und wünschte sich, ein Mädchen bzw. eine Frau zu sein. Schon im Kindergarten fühlte sie sich nicht zugehörig. Auch später in ihrer Kindheit und Jugend, blieb sie Einzelgängerin. Sie fühlte sich abgestoßen und einsam, wenn sie sah, wie Jungen mit Mädchen anbändelten.

Als junge Erwachsene erhoffte sie sich, in einer Familie Ruhe zu finden, heiratete und zeugte mit ihrer (damals:»seiner«) Frau eine Tochter, die inzwischen etwa 20 Jahre alt war. Doch sie kam nicht zur Ruhe. Sie hasste ihren Körper, der ihr fremd war. Nur mit Mühe gelange sie als Mann bei ihrer Frau zur Ejakulation. Meistens täuschte sie einen Orgasmus vor. Immer drängender wurde der Wunsch, selbst eine Frau zu sein.

Schließlich verliebte sie sich in eine Frau und begann eine lesbische Beziehung neben ihrer Ehe. Nach einer psychologischen Beratung mit Anfang 30 unternahm sie erste Schritte, wechselte den Vornamen und ließ sich als Frau registrieren. Ihre Familie nahm das hin. Die Reaktionen im Beruf – sie arbeitete in einer Behörde – waren zwiespältig. Sie erlebte überwiegend freundliches Erstaunen und überraschte Neugier, manchmal aber auch verletzende Ironie und Herablassung. Ihre Parallelbeziehung verbarg sie vor Anderen.

Mit Mitte dreißig ließ sie sich hormonell behandeln und operieren. Mit dem Ergebnis waren die Ärzte zufrieden. Um den »ewig gleichen Fragen« zu entkommen, wechselte sie in eine andere Behörde, wo man sie nicht als Mann gekannt hatte. Danach fühlte sie sich in ihrem neuen Leben als Frau viel besser als früher als Mann. Allerdings gelangte sie nach wie vor sexuell nicht zur Befriedigung, was sie enttäuschte.

Sie lebte nun als »Lesbe« mit ihrer Freundin, blieb aber verheiratet. Dieses neue Leben war für sie sehr anstrengend. Ihrer Ehefrau gegenüber fühlte sie eine große Distanz, ihre Tochter bekämpfte sie, ihre Partnerin bevormundete sie. Schließlich kam es auch an der neuen Arbeitsstelle zu Spannungen, die sie als Mobbing gegen sich als Trans*Frau verstand. Sie geriet unter zunehmenden inneren Druck und entwickelte klaustrophobische Zustände in der U-Bahn auf dem Weg zur Arbeit und auf dem Heimweg. Schließlich wurde sie krankgeschrieben und kam in einem ängstlich-depressiven Erschöpfungszustand in die Behandlung.

Ich erwähne die Geschichte von Nora, die ich aus einer Supervision kenne, um zu zeigen, wie komplex die Bewältigungsaufgaben im Leben mit einer Transidentität sein können und welche psychischen Prozesse mit der Geschlechtsangleichung verbunden sein können. Frau N stellte ihre innere Situation in einem Traum dar, den sie auch malte: zerbrochene Tonkrüge, die sie nicht zusammenfügen konnte, weil einige der Scherben verloren gegangen waren. Sie verstand den Traum selbst als Abbild ihrer gebrochenen Identität und fand die Herausforderung für ihre Zukunft darin, Ideen zu entwickeln, wie sie die fehlenden Stücke ersetzen könnte.

Therapie

Es scheint, dass Personen mit einer Transidentität in den letzten Jahren häufiger nach einer Psychotherapie suchen als früher. Das verweist auf eine zunehmende Offenheit unserer Gesellschaft für diese Phänomene, so dass transidente Menschen sich heute weniger verstecken als früher.

4. Vorlesung Besondere Spielarten des Sexuellen

Das Therapieziel kann in diesen Fällen nicht in einer Bekämpfung oder Umkehrung des Identitätswunsches bestehen, sondern ausschließlich darin, den Betroffenen die Möglichkeit zu bieten, sich über einen längeren Zeitraum ergebnisoffen mit der eigenen Geschlechtsidentität und ihren Folgen auseinanderzusetzen. Es geht zunächst darum, dass sie sich als Mensch annehmen, bei dem Geschlechtserleben und körperliches Geschlecht nicht zusammenpassen.

- *Transvestiten* kommen meistens erst zur Psychotherapie, wenn sich negative Folgen eingestellt haben. Das geschieht, wenn z. B. Partnerinnen ihre Neigung entdecken und mit einer Trennung drohen. Vorrangig stehen Schamgefühle und Zukunftsängste im Vordergrund. Daneben kann die empathische Begleitung bei der Klärung der inneren Zustände, die mit der Verkleidung verbunden sind, hilfreich sein. Dabei geht es um narzisstische Leere und um Einsamkeits- und Verlassenheitsgefühle, die durch die Verkleidung kompensiert werden. Diese Lösungen als Stabilisierungsmöglichkeiten anzuerkennen, kann ein Ziel dieser Behandlungen sein. Sie unterscheiden sich wenig von der Behandlung von Patienten mit Sexualstörungen (▶ 3. Vorlesung).

- Menschen mit einer *Transidentität* nehmen psychologische Beratungen zumeist auf Grund bevorstehender Entscheidungen über eine Geschlechtsangleichung in Anspruch. Das Anliegen ist die Klärung von Erwartungen, Hoffnungen und Problemen angesichts der anstehenden bzw. der vollzogenen Veränderungen der Realität. Wie der oben beschriebene Fall von Nora zeigt, kann eine Geschlechtsangleichung vielfältige gravierende Folgen haben, die Leidensdruck erzeugen und eine Behandlung erfordern. Man muss sich bei diesen Patienten immer vor Augen halten, welch immensen Einschnitt ein sozialer und körperlicher Identitätswechsel darstellt. Denn es ist eine ungeheure psychische Herausforderung, einen Eingriff in die sexuelle Identität zu verkraften, gewohnte Erlebnisstrukturen aufzugeben und ein neues soziales und Körperselbst aufzubauen. Es ist in gewisser Weise eine Neugeburt mit umfangreichen Herausforderungen und Entwicklungsaufgaben. Als Psychotherapeuten können wir uns dabei als eine Art psychosozialer Geburtshelfer verstehen, wohl wissend, dass der Einstieg in das neue Leben nicht nur in unserer Hand liegt.

Begleitung von transidenten Menschen[146]

Besondere Unterstützung erfordert die psychologische Begleitung in Hinblick auf eine Geschlechtsangleichung. Dazu sind detaillierte Kenntnisse über die rechtlichen Bedingungen, die operativen Eingriffe und die medikamentösen Risiken und Möglichkeiten erforderlich. Es erscheint mir ratsam, dafür die Kompetenz von Fachabteilungen in Anspruch zu nehmen, weil die meisten Psychotherapeuten dafür keine ausreichende Erfahrung und Kompetenz besitzen.

In den deutschsprachigen Ländern sind Änderungen des Namens und der Geschlechtszuordnung (Personenstandsänderungen) an das Ergebnis von Begutachtungen gebunden, wonach die Überzeugung, dem anderen Geschlecht anzugehören, feststehen und voraussichtlich unabänderlich sein muss.

Im Allgemeinen ist die Entscheidung für eine Geschlechtsangleichung bereits gefallen, wenn Beratung oder Therapie in Anspruch genommen wird. Beratungen vor einer Umwandlung dienen dazu, das Leben in der erwünschten Geschlechtszugehörigkeit in verschiedenen Bereichen in der Phantasie oder, soweit möglich, auch im »Alltagstest« zu erproben. Die damit verbundenen Erwartungen, die realistischen Aussichten, mögliche Reaktionen des Umfeldes und Ängste vor einem Neubeginn können geklärt werden.

Nach einer Geschlechtsanpassung sollen die Erfahrungen mit dem veränderten Körper und die Veränderungen der sozialen Beziehungen bis hin zu sexuellen Erfahrungen mit sachverständiger Hilfe verarbeitet werden. Es braucht Unterstützung und Zeit, um sich die neue psychosoziale und körperliche Identität anzueignen und das Neue mit dem Früheren zu verbinden.

Für den Umgang mit der Gegenübertragung in Bezug auf die Frage »Was ist das eigentliche Geschlecht?« fand ich die folgenden Bemerkungen, die ich hilfreich finde:

> »Als herausfordernd und irritierend erleben Psychotherapeuten die therapeutische Arbeit häufig dann, wenn für sie im Hintergrund die Frage nach dem ›eigentlichen Geschlecht‹ präsent bleibt und sie den Anspruch verfolgen, eben-

---

146 Rauchfleisch U (2016, 2023)

jenes herausfinden zu müssen. Da das ›eigentliche Geschlecht‹ nur im Identitätserleben der um professionelle Unterstützung nachfragenden Person zu finden ist, wird die therapeutische Suche danach zumindest so lange als wenig zielführend erachtet, wie der ausdrückliche Auftrag dafür nicht von der Transgender-Person selbst formuliert wird. Vielmehr hat es sich auf Basis der klinischen Erfahrung als hilfreich erwiesen, die Betreffenden sowohl bei einer Entwicklung entlang ihrer eigenen Bedürfnisse als auch bei der Emanzipation von stereotypen Erwartungen an die alte oder neue Geschlechterrolle zu unterstützen. In diesem Zusammenhang kann es bei Bedarf hilfreich sein, Wege zu ermöglichen, eigene Uneindeutigkeiten im Hinblick auf das Geschlechtszugehörigkeits-, Körper- und Identitätserleben anzunehmen und sie für die individuelle Lebenssituation positiv zu besetzen.«[147]

Unklare Geschlechtsentwicklung: Intersexualität

Das biologische Geschlecht eines Menschen ist meistens eindeutig. Nur sehr selten gibt es davon Abweichungen. Bei einem von 2000 Neugeborenen besteht jedoch ein Zustand, der sich nicht eindeutig den weiblichen oder männlichen Geschlechtsmerkmalen zuordnen lässt. Die Betroffenen haben bei der Geburt Merkmale von beiden Geschlechtern – sei es genetisch, hormonell oder anatomisch. Hier spricht man von Intersexualität. Inter [lat.] steht dabei für zwischen, dazwischen; Intersexualität bedeutet also ein Zustand zwischen den (biologischen) Geschlechtern. Früher sprach man von Zwitter oder Hermaphroditismus.

Die Intersexualität[148] gilt heute (noch?) als *Störung* der Geschlechtsentwicklung; erst allmählich setzt sich der Begriff Divergenz an Stelle von Störung durch. International spricht man von DSD (*Divergences of Sex Development*). In Deutschland ist Intersexualität seit 2017 als »drittes Geschlecht« juristisch anerkannt.

---

147 Nieder TO et al. (2013)
148 Schweizer K (2014)

Die Betroffenen tragen anatomisch Merkmale beider Geschlechter, oder die Geschlechtsmerkmale sind nicht eindeutig entwickelt. Dabei kann das Kerngeschlecht männlich (XY-Chromosomen) oder weiblich (XX-Chromosomen) sein. Es handelt sich nicht um ein einheitliches Erscheinungsbild, sondern um unterschiedliche klinische Phänomene mit unterschiedlichen biologischen Ursachen.

- Am häufigsten ist das *androgenitale Syndrom* auf Grund einer vorgeburtlich erhöhten Testosteronzufuhr. Diese bewirkt eine Vermännlichung der äußeren Genitalien bei sonst eindeutig weiblichen Geschlechtsmerkmalen (Eierstöcke, Uterus usw., XX-Chromosomen).
- Eine andere Gruppe sind die sog. *XY-Frauen*. Bei ihnen bewirkt eine Störung der Androgen-Biosynthese eine Feminisierung des Phänotyps. Sie haben einen (männlichen) XY-Chromosomensatz. Sie erscheinen bei Geburt aber äußerlich weiblich, während die inneren Geschlechtsorgane männliche Hoden sind.

Im Gegensatz zur Transidentität, wo Körpergeschlecht und Geschlechtsidentität im *Erleben* nicht zusammenpassen, zeigt hier die *körperliche* Ausstattung Besonderheiten. Erst die Uneindeutigkeit des Körperlichen ruft Probleme mit der Geschlechtsidentität hervor. Sekundär können sich daraus psychische und psychosomatische Symptome entwickeln, insbesondere depressive Zustände, Selbstzweifel und Minderwertigkeitserleben. Dieser Zustand hat verständlicherweise nachhaltige Auswirkungen auf die psychosexuelle Identität. Diese kann konflikthaft sein in dem Sinne, dass die Betroffenen in ihrer Geschlechtsidentität verunsichert sind. Dem entsprechend gibt es eine Fülle von Anliegen, mit denen die Betroffenen eine Psychotherapie aufsuchen.

Intersexualität wird nicht zu den Varianten oder Störungen der Geschlechtsidentität gerechnet, sondern als Störung der (primär körperlichen) sexuellen Entwicklung betrachtet. Es gibt allerdings auch bei Intersexuellen neben einer weiblichen oder einer männlichen eine weitere Identität, die dazwischen liegt und als *hermaphroditische Identität* bezeichnet werden kann.[149] Ein ursächlicher Zusammenhang zwischen Intersexualität und sexueller Orientierung besteht nicht.

Früher versuchte man, »Zwitter« noch im Neugeborenenalter zu operieren und das Geschlecht einem Typus anzugleichen. Diese Operationen waren mit erheblichen Risiken und Folgen im Psychischen und im Körperlichen verbunden, weil man nur schwer vorhersagen kann, wie die Geschlechtsidentität sich auf Dauer entwickeln wird. Heute haben die Betroffenen die Möglichkeit, als Jugendliche oder junge Erwachsene selbst über ihre Geschlechtszugehörigkeit zu entscheiden und entsprechende Konsequenzen zu ziehen. Die Zufriedenheit mit dem Ergebnis von medizinischen Eingriffen ist unterschiedlich.

- Es gibt Intersexuelle, die mit Operationen dem männlichen Geschlecht angepasst wurden und »männlich« erzogen wurden und die sich später unglücklich fühlen, weil ihre Geschlechtsidentität sich in Richtung Weiblichkeit entwickelt hatte.
- Andererseits gibt es Intersexuelle, die als Erwachsene eine Anpassung des Körpers in Richtung Männlichkeit durchführen ließen und damit sehr zufrieden leben, nachdem sie sich von Kindheit an als Mann gefühlt haben und auch so erzogen worden sind.[150]
- Es gibt natürlich auch die Möglichkeit, sich zu entscheiden, alles unverändert im Zwischenbereich zu belassen. Für diese Intersexuellen gibt es neuerdings auch in Deutschland die Möglichkeit, ein »*drittes Geschlecht*« anerkennen und in die amtlichen Register eintragen zu lassen.

Nach meiner Kenntnis spielt die Intersexualität in der Psychotherapie bisher nur in Spezialambulanzen eine größere Rolle. Erst in letzter Zeit scheinen Betroffene sich auch an niedergelassene Psychotherapeuten zu wenden. Dabei zeigt sich, dass die unklare biologische Ausstattung den Betroffenen erhebliche Probleme in ihrer psychosozialen und in ihrer Geschlechtsidentitätsentwicklung schafft. Sie schlagen sich in der Persönlichkeitsentwicklung und in der Orientierung im Alltag nieder und machen professionelle Hilfen erforderlich.

---

149 Stoller RJ (1968)
150 Schweizer K (2014)

> **Kasten 12: Problembereiche bei Intersexualität[151]**
>
> - Konflikthaftes Körpererleben wegen des Umgangs mit der genitalen Auffälligkeit
> - Probleme in der Identitätsentwicklung und im Körperselbst
> - Unverarbeitete medizinische Eingriffe
> - Fehlende Aufklärung
> - Geheimhaltung, Scham und Sprachlosigkeit

Als Psychotherapeut kommt man dabei in die schwierige Position, nicht recht zu wissen, ob man die intersexuelle Person nun als Mann oder als Frau betrachten und behandeln soll. Diese Unsicherheit schlägt sich in der Gegenübertragung nieder. Darin äußert sich die Orientierungs- und Ratlosigkeit der Patienten zwischen den Geschlechtern. Es wird einem bewusst, dass das tief verwurzelte binäre Geschlechterdenken eine zieloffene Klärung erschwert. Um in einen Prozess zu gelangen, kann es hilfreich sein, sich in seiner Innenwelt in Erfahrungen in der Beziehung zu seinen beiden Eltern und zu beiden Geschlechtern hineinzubegeben und der Identifikationen mit beiden und den männlichen und weiblichen Anteilen in sich selbst nachzuspüren.

---

151 in Anlehnung an Williams N (2002)

5. Vorlesung
Sexuelle Orientierung

Über sexuelle Orientierungen

Unter sexueller Orientierung versteht man die Ausrichtung des Begehrens auf das bevorzugte Geschlecht. Sie umfasst die Attraktion, Vorstellungen und Phantasien, das Verlangen, das sexuelle Verhalten sowie das Selbstverständnis (die Identität).

Seit dem berühmten Kinsey-Report Ende der 1940er Jahre[152] ist es üblich, sexuelle Orientierungen nach drei Kategorien zu ordnen: heterosexuell – bisexuell – homosexuell. Kinsey verstand diese allerdings als ein Kontinuum, was die Wirklichkeit zutreffend abbildet. Tatsächlich gibt es, wie Kinsey gezeigt hat, zwischen ausschließlich heterosexueller und ausschließlich homosexueller Orientierung vielfache Abstufungen. Die Einteilung erfolgt in 7 Kategorien von K-0 (ausschließlich heterosexuelle Attraktion) über K-3 (gegengeschlechtliche und gleichgeschlechtliche Attraktion zu gleichen Teilen bis K-6 (ausschließlich gleichgeschlechtliche Attraktion).

Sexuelle Orientierung gilt als ein »im Wesentlichen stabiles Persönlichkeitsmerkmal. Sie zeigt im Verlauf aber eine gewisse Veränderlichkeit«[153]. Angaben über die Häufigkeitsverteilungen sind unzuverlässig, weil sie zumeist auf subjektiven Angaben der Betroffenen beruhen und eindeutige Kriterien schwer zu erfassen sind.

Zunächst einige Basisfakten:

---

152 Kinsey AC (1948, 1953)
153 Apel OG (2008)

Über sexuelle Orientierungen

- In der Stichprobe des Kinsey-Reports[154] hatten über 50% der Männer und 28% der Frauen im Laufe ihres Lebens irgendwann eine sexuelle Anziehung durch das eigene Geschlecht erlebt. 37% bzw. 13% hatten gleichgeschlechtliche Kontakte ohne ausschließlich homosexuell zu sein, während 4% der Männer und 2% der Frauen sich als ausschließlich homosexuell bezeichneten. Zusammenfassend wurden 10% der befragten Männer und 2–6% der Frauen als »mehr oder weniger homosexuell« eingestuft.
- Man geht heute davon aus, dass unabhängig vom kulturellen und sozialen Hintergrund in allen Ländern und Kulturen rund 5% der Männer und 2% der Frauen als homosexuell gelten.[155]
- Die sexuelle Orientierung (die Ausrichtung des Begehrens) ist unabhängig von der Geschlechtsidentität (dem sexuellen Selbstverständnis). Das bedeutet: Die Ausrichtung des Begehrens auf ein bevorzugtes Geschlecht ist von der Selbstdefinition als Frau oder Mann unabhängig. Kurz: Lesben lieben *als Frau* andere Frauen, Schwule *als Mann* andere Männer.
- Homosexualität ist zumeist mit einer eindeutigen Geschlechtsidentität (Selbstdefinition) als Frau bzw. als Mann oder als transidenter Mensch verbunden. Das bedeutet: Auch bei transidenten Frauen und Männern kann Homosexualität vorkommen.
- Biologisch besteht im Allgemeinen ein eindeutiges männliches oder weibliches Geschlecht.[156]
- Alle Formen der sexuellen Orientierung können ein breites Spektrum von Praktiken, Bedürfnissen und Lebensweisen umfassen.

---

154 Befragt wurde von Kinsey (1948, 1953) eine repräsentative Stichprobe von über zehntausend weißen US-Amerikanern nach ihrer Sexualität. Dabei wurden neben dem Sexualverhalten auch andere Merkmale einbezogen, insbesondere die sexuelle Attraktion durch andere. Etwa die Hälfte waren Männer im Alter zwischen 16 und 55 Jahren bzw. Frauen im Alter zwischen 12 und 45 Jahren.
155 z. B. Laumann EO (1994) S. 283–320. Für eine gute Übersicht: Häufigkeit von Homosexualität, CH: Durex 2006 (o. D.) abgerufen unter: www.homowiki.de/H%C3%A4ufigkeit_von_Homosexualit%C3%A4t#CH:_Durex_2006 [04.12.2018]
156 Eine Ausnahme kann im Fall von Intersexualität bestehen.

- Persönlichkeit und sexuelle Orientierung sind voneinander unabhängig. D. h. alle Arten der sexuellen Orientierung können auf allen Stufen der psychosexuellen Persönlichkeitsorganisation vorkommen.
- Entsprechend gilt auch für die Komorbidität, dass die Syndrome psychogener Störungen und die sexuelle Orientierung unabhängig voneinander sind. Das bedeutet: Wir finden bei allen Orientierungen auch psychische Störungen mit den spezifischen psychodynamischen und Entwicklungshintergründen. Diese sind allerdings durch die sexuelle Orientierung mitgeprägt.
- Nach neueren Befunden leiden Homo- oder Bisexuelle auf Grund von Minoritätenstress, den sie zu bewältigen haben, d. h. auf Grund erlebter oder drohender Isolierung und Diskriminierung wegen ihrer sexuellen Orientierung, häufiger an psychischen Störungen als Menschen mit einer anderen sexuellen Orientierung. Es handelt sich dabei vor allem um Belastungsreaktionen und Burn-out-Syndrome sowie um depressive und Angstsyndrome und somatoformen Störungen.[157]

Sexuelle Orientierung und gesellschaftlicher Wandel

Deutlicher als in vielen anderen Lebensbereichen tritt die Liberalisierung der gesellschaftlichen Einstellungen beim Thema der sexuellen Orientierungen in Erscheinung. Sie spiegelt den voranschreitenden Zivilisationsprozess in den westlichen Industrieländern in beeindruckender Weise. Heute werden sexuelle Orientierungen als ein Wesensmerkmal des Menschen bewertet, vergleichbar mit Rasse oder ethnischer Herkunft. Das Spektrum umfasst neben der Heterosexualität die Bi- und Homosexualität, auf die ich mich im Folgenden beschränken werde. Daneben gibt es die Trisexualität, die Polysexualität und die Pansexualität, bei denen die Präferenz viel weitergesteckt ist (▶ Kasten 3)[158].

Dabei ist die sexuelle Orientierung nur eines unter einer Vielzahl von Merkmalen, die einen Menschen, seine Persönlichkeit und sein Leben

---

157 Übersicht bei Kasprowski u. a. (2021)
158 Man kann bei großzügiger Einteilung auch die Polyamorie und sogar die Pädophilie hierher zählen.

prägen. Wenn man auf »die« Orientierung zentriert, dann betont man eine Gemeinsamkeit, die der Persönlichkeit und der Lebensweise ein spezifisches Gepräge gibt. Tatsächlich ist sie aber in eine Vielzahl von individuellen Merkmalen und Verhaltensmustern eingebettet, die erst in der Zusammenschau das Gesamt ausmachen.

Jeder homosexuelle Mensch ist ein anderer, und das gilt auch für jedes homosexuelle Leben. Es wird zwar zwischen situativem Verhalten, Persönlichkeitsmerkmal und Lebensweise unterschieden. Diese Unterscheidung erscheint jedoch willkürlich. Denn die sexuelle Orientierung umfasst grundsätzlich alle drei Dimensionen.

- *Auf der Verhaltensebene* ist die homosexuelle Orientierung durch gleichgeschlechtliche Handlungen geprägt,
- *auf der Ebene der Persönlichkeitsmerkmale* ist sie mit der Attraktion durch gleichgeschlechtliche Partner/innen verbunden,
- *die Ebene der Lebensweise* ist eingebettet in homosexuelle Interessen, ebenso wie das Leben in einer entsprechenden Gemeinschaft oder Beziehung.

Heute, wo die homosexuelle Orientierung nicht mehr versteckt werden muss, haben sich unter Homosexuellen überraschend konservative Lebensformen und Interessen herausgebildet, die den gleichgeschlechtlichen Lebensstil prägen. Inzwischen gibt es die gleichgeschlechtliche Ehe mit Verpflichtungen, Rechten und Verbindlichkeiten, mit Gütergemeinschaft und Kinderwunsch.

Daneben gibt es aber auch Besonderheiten eines homosexuellen Lebensstils. Sie zeigen sich vor allem in einer homosexuellen Subkultur mit diversen, durch Vorlieben geleiteten Spezifizierungen. Sie bilden eine bunte »Szene« mit Regeln und Ritualen, abendlichen Treffpunkten und internationalen Treffs, mit Publikationen und medialen Plattformen. Ursprünglich aus der Not der Solidarität einer diskriminierten Minderheit heraus entstanden, beginnt die homosexuelle Szene sich in den letzten Jahren rasant mit der »Heterowelt« zu vermischen. Heute scheint es, zumindest unter jungen Leuten, kaum noch Berührungsängste zu geben.

So werden auch die Probleme bewusster, die mit einer homosexuellen Lebensweise verbunden sein können: eine narzisstische Grundhaltung, in der die Selbstdarstellung oft wichtiger ist als die Beziehungsgestaltung, eine gewisse Flüchtigkeit von Beziehungen, ein Hang zur Promiskuität und Unverbindlichkeit des Begehrens, die Idealisierung des Körpers und der Jugendlichkeit mit der Konsequenz einer Vereinsamung im Alter – um nur einige zu benennen.

Persönlichkeiten und Komorbidität

Persönlichkeit und sexuelle Orientierung sind voneinander unabhängig. Es gibt keine einheitliche oder typische Persönlichkeit als Korrelat der Heterosexualität, der Homosexualität oder von anderen Orientierungen. Alle Stufen der psychosexuellen Persönlichkeitsorganisation können bei allen Arten der sexuellen Orientierung vorkommen.

Entsprechend gilt auch für die Komorbidität, dass die Syndrome psychogener Störungen und die sexuelle Orientierung voneinander unabhängige Größen sind. Wir finden also bei allen sexuellen Orientierungen alle Arten psychischer Störungen mit ihren spezifischen psychodynamischen und Entwicklungshintergründen.

Für die Psychotherapieindikation hat das bedeutende Konsequenzen. Es gilt im Einzelfall zu entscheiden, ob der Anlass zu einer Behandlung eine psychische Störung ist, die nicht ursächlich auf die sexuelle Orientierung zurückzuführen ist, oder ob das Anliegen dadurch zu Stande kommt, dass Betroffene mit ihrer sexuellen Orientierung nicht zurechtkommen und an ihrer psychosexuellen Konstitution, an den Folgen der spezifischen Lebensform oder an einer Diskriminierung leiden (▶ Kasten 13). Dabei wird jede psychische Störung selbstverständlich auch durch die homosexuelle Entwicklung und durch die sexuelle Lebensform und Orientierung mitgeprägt. Diese gilt es in der Behandlung zu berücksichtigen.

Ursachen der sexuellen Orientierung

Bis heute sind die Ursachen der sexuellen Orientierung und der einzelnen Ausrichtungen nicht geklärt. Es bestehen offenbar biologische Faktoren im Sinne einer biologischen Prädisposition, die hier als *psychosexuelle Konsti-*

tution bezeichnet wird. Was deren morphologisches oder physiologisches Substrat ist, gilt als nicht endgültig geklärt.

Es gibt eine Vielzahl von Studien und Theorien[159]:

- *Zwillingsuntersuchungen*, welche die Erblichkeit von Homosexualität zum Thema hatten, brachten keinen überzeugenden Nachweis[160].
- Auch *neurophysiologische Studien* gaben bisher keinen Aufschluss. Es wurde zum Beispiel angenommen, dass das vorgeburtliche Sexualsystem im Gehirn durch unterschiedlich hohe Konzentrationen von Androgenen mehr in die weibliche oder mehr in die männliche Richtung geprägt wird, was für die spätere sexuelle Orientierung disponieren könnte.[161] Andere Ansätze untersuchten den Einfluss der Konzentration von Sexualhormonen auf die sexuelle Orientierung, fanden aber keine spezifische Erklärung für den Unterschied zwischen dem heterosexuellen und dem homosexuellen Sexualverhalten von Erwachsenen[162].
- *Genetische Studien* gingen von chromosomalen Entwicklungsstörungen aus. Dean Hamer glaubte 1993 sogar, einen bestimmten Genabschnitt auf dem X-Chromosom als »Schwulen-Gen« identifiziert zu haben.[163] Das erwies sich als irreführend.
- Auch die *Hirnforschung* führte mit der Untersuchung bestimmter Hirnstrukturen im Hypothalamus bzw. Mittelhirn letztlich nicht weiter. Für die sexuelle Orientierung spezifische Hirnstrukturen ließen sich nicht ausfindig machen.

So muss man sagen, dass all diese Versuche, die sexuelle Orientierung genetisch oder biologisch zu erklären, gescheitert sind.[164]

Aber auch die Versuche, die sexuelle Orientierung und die Unterschiede ausschließlich als Folge der psychosexuellen Entwicklung zu erklären, haben zu keinem überzeugenden Ergebnis geführt. Zumeist wurden vor-

---

159 Übersicht bei Beier et al. (2001), insbesondere Kap. 2.3.4 über die Entwicklung der sexuellen Orientierung
160 Puterbaugh (1990)
161 Dörner G (1995)
162 Meyer-Bahlburg H (1992)
163 Albrecht J (1998), Rauchfleisch U (2014)
164 Dannecker M (1974)

5. Vorlesung Sexuelle Orientierung

schnell Befunde von Einzelfallbeobachtungen aus Patientenbehandlungen verallgemeinert. So sah Sigmund Freud in einer Fallstudie[165] eine typische Familienkonstellation als Ursache einer späteren homosexuellen Entwicklungen an. Danach sollte die männliche Homosexualität sich unter dem Einfluss einer dominanten, festhaltenden Mutter und eines unerreichbaren schwachen Vaters entwickeln. Wir wissen, dass diese Konstellation bei einer Vielzahl von Störungen auf mittlerem Strukturniveau vorkommt, aber keinesfalls als spezifisch für homosexuelle Entwicklungen gelten kann.

Es steht lediglich fest, dass Identifizierungs- und Verdrängungsprozesse bei der Ausformung der sexuellen Orientierung eine bedeutende Rolle spielen. Dabei divergieren die Prozesse, die zur heterosexuellen bzw. zur homosexuellen Orientierung führen. Es bleibt aber offen, warum die meisten Menschen in diesen Prozessen einen Entwicklungsweg wählen, der zur heterosexuellen Geschlechtsorientierung führt, und nur ein kleinerer Teil den zur bi- oder homosexuellen sexuellen Präferenz.

Auch Freuds grundlegende Auffassung der konstitutionellen Bisexualität im Ödipuskomplex führt für das Verständnis der Weichenstellung zwischen der hetero- und homosexuellen Entwicklung nicht weiter. Sie macht lediglich verständlich, dass in der homosexuellen Entwicklung offensichtlich die gegengeschlechtlichen, in der heterosexuellen die gleichgeschlechtlichen Neigungen der Verdrängung unterliegen. *Warum* das allerdings so ist, bleibt offen.

Ein Ko-Faktor der gleichgeschlechtlichen Präferenzen könnte eine spezifische Autoerotik sein, die mit der psychosexuellen Konstitution verbunden ist und die entscheidenden Weichenstellungen begleitet. Darauf hat ausdrücklich Fritz Morgenthaler[166] hingewiesen. Bei Freud finden sich an mehreren Stellen in den *Drei Abhandlungen* ähnliche Hinweise. Danach setzen Homosexuelle zur Bewältigung von Spannungen und Konflikten bevorzugt ihr autoerotisches Potenzial ein. Stärker als Heterosexuelle neigen sie zum narzisstischen Rückzug, zu autoerotischen Aktivitäten und schließlich zu einer narzisstischen Objektwahl.

---

165 Freud S (1920b)
166 Morgenthaler F (1984)

Über psychische Bisexualität

Bi [lat.] bedeutet: zwei, doppelt. Mit psychischer Bisexualität, auch »Ambisexualität« genannt, bezeichnet man die sexuelle Orientierung, bei der heterosexuelle und homosexuelle Neigungen und aktive und passive Einstellungen gegenüber den Liebesobjekten nebeneinander bestehen und gleichzeitig oder aufeinander folgend gelebt werden. Dabei besteht eine eindeutig empfundene Kernidentität als Frau oder als Mann und biologisch ein eindeutiges männliches oder weibliches Geschlecht.

Früher hat man die psychische Bisexualität zumeist als eine Abwehr oder kryptische Form einer gefühlten, aber nicht zugelassenen Homosexualität betrachtet. Heute gilt sie als eigene sexuelle Orientierung im Spektrum von unterschiedlichen Ausprägungen hetero- und homosexuellen Erlebens. Die Anteile können sich im Verlauf des Lebens verändern. Außerdem bestehen weiche Übergänge zur Hetero- und zur Homosexualität. Das bedeutet, dass die sexuelle Orientierung fließend ist. Sie wird erst mit dem zunehmenden Alter stabiler. Es gibt auch verschiedene Varianten, wonach die beiden Teilorientierungen nacheinander, abwechselnd oder auch parallel gelebt werden.

Angesichts dieser Befunde erscheint es fraglich, ob die psychische Bisexualität überhaupt als eigenständige Kategorie betrachtet werden muss. Das Argument dafür ist, dass viele Bisexuelle sich weder der Heterosexualität noch der Homosexualität wirklich zugehörig fühlen. Das kann aber auch psychodynamisch begründet sein und auf einer Abwehr beruhen. Dass sich daraus eine »eigene« sexuelle Orientierung ableiten lässt, halte ich für zweifelhaft. Überzeugender ist es, ein Kontinuum von sexuellen Orientierungen anzunehmen, in dem die »reine« Heterosexualität und die »reine« Homosexualität zwei Pole bilden, zwischen denen sich die aktuelle sexuelle Orientierung je nach Kontext und Befindlichkeit einpendelt. Interaktionellen und intersubjektiven Einflüssen käme dabei eine modulierende Funktion zu.

Psychische Bisexualität ist von der *Intersexualität* abzugrenzen (▶ 4. Vorlesung). Diese ist dadurch gekennzeichnet, dass die körperlichen Geschlechtsmerkmale uneindeutig ausgeprägt sind oder gleichzeitig weibliche und männliche Züge tragen. Dabei handelt es sich um eine biologische

Entwicklungsstörung, während die psychische Bisexualität sich auf die psychosexuelle Orientierung bezieht.

Über Homosexualität

Geschichtliches

Die Kulturgeschichte der Homosexualität ist wechselhaft. Es gab Kulturen oder Epochen, in denen sie als unanstößig galt. Im klassischen Griechenland hatte die Männerliebe einen festen Platz im Rahmen der Erziehung und Entwicklung. Speziell die Knabenliebe hatte ein hohes Ansehen.

Unter dem Einfluss des Christentums wurde die Homosexualität verfemt. Im Mittelalter wurde sie als »Sodomie« mit dem Tod auf dem Scheiterhaufen geahndet. Auch in der bürgerlichen Gesellschaft nach 1800 herrschte eine restriktive Haltung. Ab 1850 entwickelte sich die Sexualwissenschaft, welche die Homosexualität unter dem Psychiater und Gerichtsmediziner Richard von Kraft-Ebing als angeborene neuropsychopathische Störung definierte und damit ihre Pathologisierung festschrieb. Dem trat 1864 der Jurist Karl Heinrich Ulrichs entgegen. Er sah die Homosexualität als angeborenes Phänomen an und nicht als Krankheit. Damals entstand die Bezeichnung »drittes Geschlecht«[167].

1872 trat in Deutschland das Reichsstrafgesetzbuch in Kraft. Darin wurden in Paragraph 175 homosexuelle Handlungen unter Männern mit Gefängnis bedroht. Als Reaktion darauf gründete der Berliner Arzt Magnus Hirschfeld (▶ Abb. 5.1) die Homosexuellenbewegung, die gegen die Pathologisierung der Homosexualität und den Paragraphen 175 ankämpfte. Die Liberalisierung des sexuellen Lebens nach dem Ersten Weltkrieg brachte auch den Homosexuellen eine gewisse Freizügigkeit. Sie endete mit dem Nationalsozialismus, der homosexuelle Handlungen mit

---

167 Hirschfeld M (1904)

Abb. 5.1: Magnus Hirschfeld (1968–1935) war Arzt, Sozialwissenschaftler und Gerichtsgutachter in Berlin. Er begründete die Lehre von den sexuellen Zwischenstufen, mit der er das tradierte Konzept einer binären Geschlechterordnung in Frage stellte. Mit dem »wissenschaftlich humanitären Komitee« gründete er 1897 die erste Organisation, die für die Straffreiheit der Homosexualität kämpfte, und prägte den Begriff »drittes Geschlecht« (© akg-images).

Zwangskastration, Gefängnisstrafen und KZ-Haft bedrohte. Tausende haben diese Zeit nicht überlebt.

Die westdeutsche Bundesrepublik setzte in ihren ersten Jahren die Verfolgung und Bestrafung der Homosexualität fort. Erst nach der Stonewall-Revolte der Homosexuellen in New York 1969 entstand die zweite Homosexuellenbewegung, die in den westlichen Ländern zu einer Liberalisierung, Straffreiheit und nach der Jahrtausendwende in Ländern wie Deutschland zur Anerkennung der »Ehe für alle« führte.

Die Psychoanalyse hat sich mit der Homosexualität schwergetan. Sie hat die Chance verpasst, Freuds Erkenntnis der konstitutionellen Bisexualität des Menschen konsequent umzusetzen und die Gleichwertigkeit einer normalen hetero- und homosexuellen Entwicklung anzuerkennen. Freud selbst war diesbezüglich widersprüchlich. Er ist dabei geblieben, dass die heterosexuelle Auflösung des Ödipuskomplexes das Ziel einer gesunden Entwicklung ist, und hat damit die Heterosexualität zur Norm erhoben. Andere Lösungen, also insbesondere die homosexuelle Entwicklung, wurden in den folgenden Jahrzehnten als pathologische Fehlverarbeitung von Konflikten der Kindheit[168] betrachtet.

So galt die Homosexualität den meisten Psychoanalytikern als Krankheit, die zu heilen war. Weil sie sich in psychoanalytischen Behandlungen naturgemäß aber als resistent erwies, galt sie zudem als besonders schwere und früh erworbene Störung. Daraus leitete man die Berechtigung ab, Homosexuelle noch bis in die 1990er Jahre hinein vom Beruf des Psychoanalytikers auszuschließen.[169]

Diese Auffassung geriet ins Wanken, als die Amerikanische *Psychiatrische* Gesellschaft – und nicht eine psychoanalytische Organisation – 1997 nach internen Kämpfen entschied, Homosexualität als Krankheitskategorie aus den Manualen zu streichen. Erst unter politischem Druck hat sich diese Entwicklung auch in der Psychoanalyse durchgesetzt. Vorkämpfer waren neben anderen die US-Amerikaner Richard Friedman und Richard Isay. Die damit verknüpften Einstellungsänderungen wurden allerdings wenig öffentlich diskutiert und sind kaum publizistisch dokumentiert worden.

Heute ist Homosexualität als Lebensform und sexuelle Orientierung in den westlichen Ländern anerkannt und gilt nicht mehr als Krankheit.

Definition und Erscheinungen

Homosexualität umfasst den Komplex von Erlebnis- und Verhaltensweisen, die auf das eigene Geschlecht ausgerichtet sind. Sie betrifft gleichgeschlechtliche Liebe, Erotik und Begehren, Sexualverhalten und Phantasien

---

168 Freud S (1905), S. 44
169 Künzler E (1992b), Rauchfleisch U (1993)

sowie Lebensformen in gleichgeschlechtlichen Partnerschaften und Bezugsgruppen. Richard Isay[170] beschrieb bereits bei Kindern im 4. Lebensjahr ein Gefühl, »anders« zu sein, und beobachtete beim Spiel und Beschäftigungen prähomosexueller Jungen Besonderheiten, die sie von ihren Altersgenossen unterschieden. Es gibt also bereits in der Kindheit eine vermutlich konstitutionell begründete Ahnung von einer andersartigen geschlechtlichen Befindlichkeit. Sie wird mit der weiteren Entwicklung deutlicher und entwickelt sich in der Adoleszenz zur Gewissheit, homosexuell zu sein. Sie beruht darauf, dass sinnliches Verlangen, erotisches Begehren und sexuelle Befriedigung zunehmend in Beziehungen zum eigenen Geschlecht erlebt werden.

Die homosexuelle Orientierung wird populär für Männer als schwul bezeichnet, ursprünglich ein Schimpfwort, das inzwischen in die Alltagssprache eingegangen ist. Gebräuchlich ist auch das amerikanische »Gay« (für fröhlich). Homosexuelle Frauen werden als lesbisch bezeichnet. Das Wort ist eine Anspielung auf die homosexuelle Liebe der griechischen Lyrikerin Sappho, die um 620 v.Chr. auf der ägäischen Insel Lesbos lebte.

Aber »den« Schwulen bzw. »die« Lesbe gibt es nicht. Homosexualität umfasst ebenso ein breites Spektrum von Orientierungen, Interessen, Bedürfnissen und Lebensweisen wie die Heterosexualität. Das zeigt sich zum Beispiel in den Beziehungsbedürfnissen: Einige bevorzugen feste Kontakte, andere wechselnde; einige gleichaltrige, andere ältere oder jüngere Partner/innen. Einige führen ein »monogames« Leben, andere bevorzugen »offene« Partnerschaften mit wechselnden Sexualkontakten.

Im Habitus und Auftreten gibt es zwei Pole mit vielfältigen Zwischenformen:

- Der »typische Schwule« und die »typische Lesbe«, wie die Öffentlichkeit sie sich vorstellt, orientieren sich am gegengeschlechtlichen Typus. Männliche »Tunten« zeigen ein besonders affektiertes bzw. effeminiertes Auftreten, während weibliche »Dykes« oder »Butches« betont männlich daher kommen.

---

170 Isay RA(1989)

- Der Gegentyp sind schwule »Kerle«, die ein martialisches Auftreten zeigen, und lesbische »Femmes« mit betont weiblichem Habitus.[171]

Bemerkenswert ist, dass die so bezeichneten Extreme im homosexuellen Verhalten meistens auf das Auftreten in der jeweiligen Szene begrenzt sind, während man den meisten Homosexuellen im Alltag ihre Homosexualität kaum anmerkt.

Auch im Sexualverhalten gibt es eine Polarisierung zwischen aktiv und passiv, zwischen intrusiv und rezeptiv. Allerdings sind all das Verallgemeinerungen. Die Wirklichkeit liegt meistens irgendwo dazwischen und die Rollenverteilungen sind oft flexibel.

Normale Homosexualität (Neigungshomosexualität)

Neigungshomosexualität beruht auf einer spezifischen Präferenz für sinnliche und sexuelle Attraktion und Befriedigung durch das eigene Geschlecht. Die Wahl der Liebespartner vollzieht sich nach der eigenen Person als Vorbild, d. h. es werden Menschen als Partnerinnen oder Partner gewählt, die einem in Bezug auf das Geschlecht ähnlich sind. Die Frau wählt eine Frau, der Mann einen Mann. Freud[172] nannte das eine narzisstische Objektwahl.

Die normale homosexuelle Entwicklung

Zwischen der homosexuellen und der heterosexuellen Entwicklung bestehen bedeutende Unterschiede. Nachdem Freud in seinem Werk die

---

[171] Die Bezeichnungen Butches und Femmes sind mit dem Aufkommen des Feminismus allerdings verpönt.
[172] Freud S (1914)

heterosexuelle männliche Linie ganz in das Zentrum der Psychoanalyse gerückt hat, besteht die Herausforderung darin, sich von dieser Sicht zu lösen und die anderen Entwicklungsstränge unabhängig davon als gleichrangig zu beschreiben.[173] Man kann dabei annehmen, dass die homosexuelle Objektwahl durch eine Vielzahl von psychologischen und konstitutionellen Faktoren bestimmt wird.

Das entscheidende psychische Merkmal ist die narzisstische Qualität der Objektwahl. Das heißt, dass Homosexuelle ihr Liebesobjekt nach dem Vorbild ihres Selbst wählen, während Heterosexuelle in der Liebe eher Unterschiede zu sich bevorzugen und Partner/innen nach dem »Anlehnungstyp« wählen. Umstritten ist, welche Bedeutung dabei konstitutionelle Faktoren haben. Folgt man Fritz Morgenthaler[174], so könnte eine besonders starke Ausprägung autoerotischer Tendenzen zur narzisstischen Objektwahl disponieren. Er hat beobachtet, dass prähomosexuelle Jungen dazu neigen, Spannungen in den Interaktionen der Kindheit durch narzisstischen Rückzug in autoerotische Aktivitäten zu bewältigen. Das geschieht bei allen möglichen Entwicklungskrisen und -konflikten.

Eine spezifische Herausforderung ist die Verarbeitung des *homosexuellen Dilemmas*[175], das in jeder homosexuellen Entwicklung eine besondere Belastung darstellt. Es beruht auf der Diskrepanz zwischen Erwartungen, die an das prähomosexuelle Kind gerichtet werden, und seiner psychosexuellen Konstitution. Das geschieht bereits in der frühesten Entwicklung, wenn die Eltern ihm durch körperlich-sinnliche Erfahrungen die Botschaft vermitteln, wie ein »richtiges« Mädchen oder ein »richtiger« Junge sein sollte, und durchzieht alle Entwicklungsphasen als unerfüllbare Zuschreibungen. »Richtig« bedeutet dabei selbstverständlich »heterosexuell«.

Man kann die homosexuelle Objektwahl demnach als narzisstische Lösung des homosexuellen Dilemmas durch Rückzug in die Selbstliebe verstehen, wobei das Selbst später durch ein Objekt nach dem Vorbild des Selbst ersetzt wird. Dadurch werden die Spannungen des homosexuellen

---

173 Dannecker M (1974, 1998), Gissrau B (1993), Rohde-Dachser C (1994), Reiche R (2001), Poluda-Korte E (2001), Rauchfleisch U (2011) sowie die Standardwerke von Friedman RC (1988) und Isay RA (1989)
174 Morgenthaler F (1987)
175 Ermann M (2009)

Dilemmas abgewälzt. Der Rückzug ist dabei durch den Mangel an spiegelnder Resonanz auf die aufkeimende Homosexualität zu verstehen. Für die Entwicklung der weiblichen Homosexualität betont Barbara Gissrau[176] die besonders enge erotische Bindung der Mädchen an die präödipale Mutter. Sie beruht auf dem erotischen Genuss der Mutter am Stillen und bei der Körperpflege. Diese bewirkt – ganz im Sinne der allgemeinen Verführungstheorie von Laplanche (▶ 2.Vorlesung) – eine erotische Stimulierung des Mädchens und ein lustvolles affektives Interaktionsmuster, das in das prozedurale Gedächtnis eingeschrieben wird. Diese präverbalen Erinnerungsspuren werden bei Spannungen und Verunsicherungen aktiviert. Auch hier kommt das homosexuelle Dilemma zum Tragen: die nicht auflösbare Diskrepanz zwischen den Zuschreibungen heterosexueller Rollenerwartungen an das Mädchen als gewünschter Frau und dessen gefühlter homosexueller Identität. Anders als bei Jungen geschieht hier die Spannungsregulation aber nicht durch narzisstischen Rückzug, sondern durch die Anlehnung an die Andere (die Mutter) »als Gleiche«. Damit kommt es zur ersten Weichenstellung für die spätere narzisstische Objektwahl.

Die klassische Sicht

Das Verständnis der Homosexualität in der klassischen Psychoanalyse geht von der konstitutionellen Bisexualität aus, die »positive« heterosexuelle und »negative« homosexuelle Strebungen enthält. Positiv und negativ sind dabei nicht im Sinne einer Wertung gemeint, sondern – wie in der Analogfotografie – als Positiv und dessen umgekehrtes Abbild. Bei der Homosexualität wird, nach klassischer Auffassung, der positive Ödipuskomplex verdrängt, so dass die homoerotischen Neigungen des negativen Ödipuskomplexes leitend werden und sich auf den gleichgeschlechtlichen Elternteil richten. Der homosexuelle Ödipuskomplex ist demnach vorrangig von der Rivalität des homosexuellen Mädchens mit dem Vater um die Mutter geprägt, während der homosexuelle Junge im Ödipuskomplex mit der Mutter um den Vater rivalisiert.

---

176 Gissrau B (1993), S. 317

- Am Anfang der *männlichen homosexuellen Entwicklung* steht nach Freud eine enge Mutterbeziehung, die zunächst von einer autoerotischen Einstellung (sich selbst zu lieben wie die Mutter einen liebt) abgelöst wird. Diese wird später als Wunsch zur aktiven oder passiven Unterwerfung auf den Vater/auf Männer als Liebesobjekt übertragen.
- Leitend für die *weibliche homosexuelle Entwicklung* ist nach dieser Auffassung der fixierte Penisneid, der die Identifizierung mit dem Vater (sich von ihm einen Penis/ein Kind wünschen) und dessen Liebe zur Frau begründet. Diese Identifizierung ist maßgeblich für die spätere Objektwahl, indem Frauen von der lesbischen Frau so begehrt werden, wie der Vater sie begehren würde.

Freud hat die Homosexualität in enger ätiologischer Beziehung zur Paranoia gesehen.[177] Danach wurde eine unbewusste Homosexualität lange als Abwehrbarriere gegen eine Psychose betrachtet. Obwohl diese Hypothese auf einer Einzelfallbeobachtung (Freuds »Fall« Schreber von 1910) beruhte, war sie für die Psychoanalyse über Jahrzehnte wegweisend. Spätere Auffassungen betrachten männliche Homosexualität als »Flucht vor der Frau« aus Furcht vor Enttäuschungen des erotischen Begehrens oder aber auf Grund von Verschmelzungsängsten.[178] Wie oben bereits beschrieben, betonen neuere Entwicklungen den Rückzug in die Autoerotik und die narzisstische Objektwahl als Bewältigung, wenn das Anderssein erlebt und die Abgrenzung von der Mutter vollzogen werden.[179]

Homosexualität als eigenständige Entwicklung

Heute hat sich die Auffassung durchgesetzt, dass die Homosexualität eine eigenständige Entwicklung nimmt.[180] Ich möchte die folgenden Entwicklungsstufen hervorheben, wobei ich die gleichgeschlechtliche Präferenz bei der Objektwahl als *narzisstische Verarbeitung des homosexuellen Dilemmas* verstehe.

---

177 Freud S (1911)
178 Bieber J (1962), Socarides CW (1978)
179 Morgenthaler F (1984), Eisenbud RJ (1982), Rohde-Dachser C (1994)
180 Dannecker M (1974, 1996)

Die präödipale Entwicklung

In der frühen Entwicklung wird die konstitutionelle Protoidentität mit affektiven und körperlich-sinnlichen Erfahrungen zur homosexuellen Kernidentität verschmolzen. Dabei spielen die prozeduralen Erfahrungen mit den Eltern eine bedeutende Rolle. Darin kommen bereits diskontingente Zuschreibungen zwischen den Vorstellungen der Bezugspersonen und dem latenten Identitätserleben der betroffenen Kinder zum Tragen. Die Kernidentität, d.h. die Überzeugung, ein Junge bzw. ein Mädchen zu sein, ist also von vornherein durch das homosexuelle Dilemma[181] geprägt, das auch die gesamte weitere Entwicklung durchzieht – durch die Diskrepanz zwischen der gespürten homosexuellen Konstitution und den soziokulturell geprägten Erwartungen. Auf die diskontingenten Spiegelungserfahrungen reagieren prähomosexuelle Jungen und Mädchen auf verschiedene Weisen:

- *Jungen* reagieren mit einem narzisstischen Rückzug in autoerotische Aktivitäten, in die sie ihr männliches Liebesobjekt einbeziehen: Wenn ich schon nicht geliebt werde, wie ich bin, dann liebe ich mich im Anderen wenigstens selbst. Sie wählen den Vater als narzisstisches Selbstobjekt, womit sie zugleich Autonomie gegenüber der Mutter erlangen.
- *Mädchen* reagieren darauf hingegen mit einer verstärkten Hinwendung zur Mutter als Selbstobjekt, in dem sie sich selbst spiegeln. Dieses Muster übertragen sie auf die spätere Objektwahl, indem sie ihre Liebesobjekte nach dem eigenen Vorbild wählen.

Die phallisch-trianguläre Entwicklung

In der weiteren Entwicklung erfährt diese narzisstische Objektwahl nach dem eigenen Vorbild ihre endgültige Ausrichtung, indem das Selbst durch das Liebesobjekt ersetzt wird. Diese Entwicklung unterscheidet sich grundsätzlich von der ödipalen Entwicklung bei Heterosexuellen und

---

181 Ermann M (2009)

führt zu ganz anderen Ergebnissen[182]. Man spricht deshalb besser von einer *homosexuellen Triade* statt vom homosexuellen Ödipuskomplex.

- Der homosexuelle *Junge* betritt die ödipale Bühne bereits mit einer prähomosexuellen Bindung an den Vater als sein endgültiges Liebesobjekt. Seine Objektwahl ist eigentlich schon getroffen. Sein gleichgeschlechtliches Begehren wird aber von seinem Liebesobjekt, dem (heterosexuellen) Vater, aber nicht angenommen. Diese Zurückweisung führt zu einem erneuten autoerotischen Rückzug. Die Beziehungssehnsucht wird nun auf die zukünftige Partnerwahl projiziert und kommt dort wieder zum Tragen.
- Außerdem wird regressiv die präödipale Mutterbindung aktiviert, allerdings nicht im Sinne einer erotischen, sondern einer versorgenden Beziehung. Das begründet passiv-fürsorgliche Züge im Beziehungsverhalten sowie die enge Bindung vieler Homosexueller an Freundinnen und an ihre Mütter bis ins Erwachsenenalter.
- Die *weibliche gleichgeschlechtliche Entwicklung* wird in dieser Phase durch die enge Bezogenheit des Mädchens auf die Mutter als narzisstisches Selbstobjekt und als libidinöses Liebesobjekt geprägt. Hier ist die Entscheidung über das Geschlecht des endgültigen Liebesobjektes durch die homosexuelle Konstitution bereits getroffen. Das Begehren, das sich auf die Mutter als Liebesobjekt richtet, wird von ihr aber als solches nicht bestätigt. So richtet auch das homosexuelle Mädchen das Begehren auf sich selbst und überträgt es bei der späteren Partnerwahl auf ihr gleichgeschlechtliches Liebesobjekt.

Die Besonderheit der homosexuellen Entwicklung ist bei beiden Geschlechtern also das Ausbleiben von kontingenter Spiegelung und Bestätigung des homoerotischen Begehrens und die Stabilisierung durch die Hinwendung zum Selbst, die daraus erwächst. Allerdings bleiben daneben

---

182 In der *heterosexuellen* Entwicklung ist diese Phase durch den Ödipuskomplex mit den ambivalenten Einstellungen gegenüber den beiden Eltern, die Identifikationen und die abschließende Verdrängung des gleichgeschlechtlichen Anteils der Bisexualität geprägt. Daraus resultiert die endgültige heterosexuelle Objektwahl.

Identifizierungen mit beiden Eltern bestehen. Je nachdem, wie stark der vaterbezogen männliche oder der mutterbezogen weibliche Anteil ist, entsteht ein passiv-rezeptives oder ein aktiv-intrusives Rollenverhalten gegenüber späteren Liebespartner/innen. In der Pubertät wird die Objektwahlpräferenz bewusster und durch erste Erfahrungen mit Peers ausgebaut. Im Coming-out wird die sexuelle Orientierung stabilisiert.

Die Persönlichkeit bei Homosexualität

Eine »homosexuelle Persönlichkeit« gibt es nicht. Das Entwicklungsniveau der Persönlichkeit prägt aber die Erscheinungsformen der sexuellen Orientierung, ebenso wie es auch bei Heterosexuellen geschieht:

- Auf dem *reifen und neurotischen (höheren) Strukturniveau* findet man reife, integrierte Selbst-Objekt-Beziehungen als Grundlage von autonomen Partnerschaften. Darin spielt der rezeptiv-intrusive Geschlechtsakt als solcher die maßgebliche Rolle. Insider nennen das »Vanillasex«. Im Unterschied zur Heterosexualität bezieht dieser die Oral- und Analerotik mit ein. Diese ist in der Homosexualität Normalität.
- Auf der Ebene der *präödipalen und Borderline-Persönlichkeitsorganisation* ist die Sexualität in mäßig oder gering integrierte Selbst-Objekt-Beziehungen eingebettet, die für diese Persönlichkeitsorganisationen typisch sind. Dabei können Paraphilien in Gestalt vielfältiger und wechselnder Neigungen das Sexualverhalten prägen und bisweilen vollständig dominieren.

Homosexualität als Krankheitsrisiko

Es gilt heute als gesichert, dass Homosexuelle häufiger zu psychischen Störungen neigen als Heterosexuelle. Homosexuelle sind danach häufiger von psychischen Erkrankungen wie Depression, Angst-, Schlaf- und Essstörungen oder Burn-out betroffen als die Bevölkerungsmehrheit.[183]

---

[183] Kasprowski D u. a. (2021)

Nachgewiesen ist auch ein besonderes Risiko für Suizidalität.[184] Es wird daraus gelegentlich der Schluss gezogen, sie seien grundsätzlich ich-schwächer und häufiger entwicklungsgestört als Heterosexuelle[185]. Diese Behauptungen sind nicht belegt und bilden wahrscheinlich ein homophobes Vorurteil ab. Mir sind jedenfalls keine überzeugenden Studien bekannt, die sie bestätigen würden.

Es ist allerdings richtig, dass die besonderen Bedingungen einer gleichgeschlechtlichen Entwicklung auch zu besonderen Belastungen in der Entwicklung beitragen, aus denen psychische Störungen entstehen können. Das gilt besonders für die Identitätsprobleme der gleichgeschlechtlichen Entwicklung. Die im vorigen Abschnitt dargestellte Betonung der narzisstischen Entwicklungslinie bei der Homosexualität kann eine besondere narzisstische Vulnerabilität hinterlassen und ein spezifisches Krankheitsrisiko darstellen. Das zunehmend bewusst erlebte Gefühl von Anderssein und Fremdheit belastet die Selbstentwicklung und begünstigt autoerotische Rückzugstendenzen. Dieser Hintergrund kann auch die Entwicklung einer narzisstischen Persönlichkeit fördern und unter besonders schwierigen Umständen eine narzisstische Persönlichkeitsstörung begründen. Unter Belastungen kann es zu einer Destabilisierung und zu Identitätskrisen kommen. Diese Problematik kann insbesondere in Partnerschaftskrisen und Trennungssituationen aufbrechen.

Kasten 13: Psychische Störungen und Homosexualität

- Psychische und psychosomatische Störungen *unabhängig* von der sexuellen Orientierung (z. B. Angststörungen, Depressionen, Somatisierungsstörungen)
- Belastungsreaktionen und Anpassungsstörungen *als Folge* der speziellen Situation als Angehörige der homosexuellen Minderheit (Coming-out, Diskriminierung)
- Störungen und Krisen *im Zusammenhang* mit der homosexuellen Entwicklung (narzisstische Persönlichkeitsstörungen und Krisen)

---

184 Plöderl M u. a. (2009)
185 Saghir MT u. Robins E (1973)

Ebenso können aus der psychosozialen Situation von Homosexuellen als Minderheit Spannungen und Konflikte entstehen. Dieser Minoritätenstress ruft Belastungsreaktionen und Anpassungsstörungen hervor. Im Übrigen treten bei Homosexuellen dieselben psychischen Störungen auf wie bei anderen, d. h. ganz unabhängig von ihrer sexuellen Orientierung. Sie werden natürlich durch die spezielle Lebenswelt und die Erfahrungen in der gleichgeschlechtlichen Entwicklung und Partnerschaft mitgeprägt.

Homosexuelle Krisen

Am Beginn einer offen homosexuellen Lebensweise steht das »Comingout«. Das innere Coming-out betrifft die Bewusstwerdung und Akzeptanz der homosexuellen Orientierung, das äußere die Veröffentlichung und die Suche nach einem eigenen Lebensstil. Meistens ist es mit Zweifeln und Unsicherheit über die homosexuelle Orientierung verbunden. Oft fehlen eine Bestätigung und Unterstützung durch die Umgebung. Damit gehen Ängste vor den familiären und den sozialen Konsequenzen eines homosexuellen Lebens einher.

Dramatische Abwendungen und Ausstoßung aus den Familien sind heute bei uns wohl eher selten. Immer häufiger hört man, dass die homosexuellen jungen Menschen überrascht sind, mit welcher Gelassenheit ihre Eltern und Familien auf ihr Coming-out reagieren. Dennoch bedeutet ein Coming-out oft einen schmerzhaften Bruch mit familiären Erwartungen. Enttäuschung, Wut und Hass können die Folge sein. »Queer« zu leben, bedeutet zudem Verzicht auf eine Zukunft in einer bürgerlichen Familie.

Auch heute noch gibt es Verachtung und Isolierung von anderen Jugendlichen sowie Diskriminierungen im Freundeskreis und am Arbeitsplatz. So können Coming-out-Krisen und soziale Konflikte entstehen, verbunden mit psychischen und psychosomatischen Belastungs- und Anpassungsstörungen: Depressionen, Ängste, Schlafstörungen, Fremdheitsgefühle usw. Mit Hilfe von Beratung und Selbsthilfegruppen können sie überwunden werden. Homosexuelle Partnerschaften helfen, die Neuorientierung zu bewältigen.

Bisweilen kommt es unter Belastungen zum Aufbrechen von Krisen und Konflikten um die sexuelle Identität. Um nur einige zu nennen:

- Die homosexuelle Lebensweise als solche mit ihrem Hang zur Selbstdarstellung und einer gewissen Flüchtigkeit von Beziehungen kann emotional belastend sein.
- Die Betonung des Körpers und der andauernde Kampf um Attraktivität sind anstrengend. Niederlagen und Kränkungen sind häufig.
- Partnerschaften sind bisweilen wenig stabil. Ihnen fehlt die Stütze durch die umgebende Gesellschaft.
- Bei Trennungen brechen latente Identitätsprobleme auf und legen eine narzisstische Dynamik offen: Der verlorene Partner geht in seiner Funktion verloren, das Selbstgefühl und die homosexuelle Identität zu unterstützen und stabil zu halten sowie vor Einsamkeit und Verlorenheit zu schützen.
- Mit dem Älterwerden und dem Verlust von Attraktivität drohen Isolierung, Resignation und Vereinsamung.

Homosexualität in der psychoanalytischen Behandlung

In meiner Berufslaufbahn habe ich eine größere Zahl von homosexuellen Menschen begleitet – von Beratungen über fokale Therapien bis hin zu mehrjährigen Analysen und Supervisionen. Ich habe dabei die Erfahrung gemacht, dass es durchaus einen Unterschied macht, ob man Hetero- oder Homosexuelle behandelt. Dabei spielen natürlich auch das Pairing und die sexuelle Orientierung der Therapeutin oder des Therapeuten als Übertragungsobjekt eine wichtige Rolle.

Die verschiedenen Möglichkeiten des Pairings können hier nicht dargestellt werden.[186] Ich halte es aber für bedeutsam, dass bei jeder Paarung – wie auch in der Behandlung Heterosexueller – libidinöse (hetero- und homophile) und narzisstische Dynamiken beteiligt sind und in der Übertragung ihre Wirkung entfalten.

---

186 Ermann M (2017), Schon L (2017)

Man kann die homosexuelle Übertragung libidinös als »objektale« Übertragung verstehen, wobei die Analytikerin oder der Analytiker als Liebesobjekt gesehen wird. Homo- bzw. heterophobe Haltungen können dabei allerdings als Abwehr von schmerzhaften Zuständen auftreten, die in der Übertragung lebendig werden. Sie können eine Neuauflage des homosexuellen Dilemmas in der Übertragung hervorrufen, das dann bearbeitet werden kann.

Allerdings kann man die Übertragungsprozesse auch ganz anders lesen und ihre narzisstische Funktion im Kontext der homosexuellen Triangulierung in das Zentrum rücken. Diese Sicht betrachtet die Übertragung als reparativen Prozess im Selbst und nicht als Abwehr libidinöser Bedürfnisse. Der Analytiker oder die Analytikerin erhält darin vorrangig die Funktion eines spiegelnden und bestätigenden narzisstischen Selbstobjektes[187] und nicht die eines erotisch begehrten Liebesobjektes.

Der Anstoß, meine in der Ausbildung erworbenen traditionellen Ideen zur männlichen Homosexualität zu überdenken, stammt aus der Behandlung meiner ersten homosexuellen Patienten.[188] Ich hatte die Behandlungen mit dem damals vorherrschenden Konzept eines negativen (heterosexuellen) Ödipuskomplexes als Angelpunkt der Homosexualität und der Übertragungen begonnen. Als ich bemerkte, dass libidinöses Begehren in der Übertragung in diesen Behandlungen auch nach längerer Zeit keine bedeutende Rolle spielte, kamen mir Zweifel an meinem Verständnis und meiner Arbeitsweise. Die Analysanden verwendeten mich offensichtlich als einen Begleiter, bei dem sie nicht mehr (aber auch nicht weniger) als die Anerkennung ihrer homosexuellen Identität suchten.

Schließlich vertiefte sich mein Verständnis, als ich mit einem von ihnen, den ich hier Klaus nenne, in eine schwierige Behandlungskrise geriet.

Klaus

Klaus hatte sich zu Beginn seiner Analyse tief in einen heterosexuellen Arbeitskollegen verliebt. Als dieser eine Freundin fand, ging er zu Klaus auf Abstand. Das stürzte diesen in tiefe Verzweiflung und erfüllte ihn

---

187 Kohut H (1971)
188 Ermann M (2009, 2017)

mit heftiger Sehnsucht, wenn er den Geliebten in der Arbeit traf. Schließlich kam es zu gegenseitigen Vorwürfen, die in einen Abbruch der Beziehung mündeten.

Monatelang sprach Klaus nun über nichts anderes als über seine Verliebtheit und sein Unglück. Als ich darin keinerlei Entwicklung erkennen konnte, entstand in mir ein spürbares unwilliges Desinteresse. Ich verstand es zunächst so, dass es mich kränkte, aus seiner Verliebtheit und seiner intensiven Trauer ausgeschlossen zu sein und zurückgewiesen zu werden, wie er sich womöglich in der Übertragung seines homosexuellen Dilemmas von mir zurückgewiesen fühlte. Darin sah ich einen Rückzug, mit dem er sich vor Enttäuschungen mit mir schützte. Schließlich deutete ich sehr vorsichtig an, dass das Festhalten an der enttäuschten Liebe anzuzeigen schien, dass er wahrscheinlich überzeugt war, für seine Liebe bei mir keinen Raum zu finden.

Er reagierte darauf mit Unverständnis, mit Entfremdungsgefühlen, Schwindel und mit dem Gefühl, von der Couch zu fallen. Er äußerte sogar die Absicht, die Analyse anzubrechen. Es zeigte sich schließlich, dass er sich durch meine Sicht der Dinge fundamental missverstanden fühlte. Er hatte meine Deutung offenbar als Versuch aufgenommen, in ihn einzudringen und seine Gefühle zu manipulieren. Er warf mir vor, dass ich ihm vorschreiben wollte, dass er mich zu lieben hätte.

Die Aufklärung dieser Zusammenhänge, die ich nach einiger innerer Arbeit gut nachvollziehen konnte, und mein deutlich geäußertes Bedauern über die Irritationen, die durch mein Missverstehen entstanden waren, führten schließlich zu einer Vertiefung unserer Arbeit.

So verstand ich, dass in dieser und anderen Behandlungen von Homosexuellen die narzisstische Funktion der Übertragungsdynamik als stabilisierende Selbstobjekt-Übertragung maßgeblich war. Klärend ist dabei das Verständnis der spezifischen gleichgeschlechtlichen Entwicklungsprozesse und insbesondere der Zurückweisungen der gefühlten Identität im homosexuellen Dilemma. Sie erklären, dass Homosexuelle in der Übertragung vor allem Anerkennung und Bestätigung und eine wohlwollende Spiegelung ihrer Orientierung suchen und nicht die Befriedigung eines sexuellen Begehrens.

Kasten 14: Hinweise für das Gelingen der Behandlung von psychischen Störungen bei Homosexuellen

- Man muss anerkennen, dass Homosexuelle im Allgemeinen nicht wegen ihrer Homosexualität in die Behandlung kommen, d. h. man muss ihre Homosexualität als solche anerkennen und nicht verändern wollen.
- Dennoch wird die psychosexuelle Entwicklung als Entwicklungshintergrund der Störung, die zu behandeln ist, eine Rolle spielen. Dabei müssen bei Homosexuellen auch subjektive Probleme und Konflikte um ihre sexuelle Identität zur Sprache kommen.
- Man sollte insbesondere das homosexuelle Dilemma zwischen psychosexueller Konstitution und Erwartungen der Umwelt anerkennen. Man muss beachten, dass dieses Dilemma sich auch in der Übertragungsdynamik als nachhaltiger Wunsch nach Anerkennung niederschlagen wird.
- Eine aussichtsreiche Behandlung erfordert hinreichende Kenntnisse über sexuelle Praktiken und die homosexuelle Lebenswelt. Im Zweifelsfall muss man sich von seinen Patienten darüber aufklären lassen.
- Wenn Homosexuelle andere Homosexuelle behandeln, besteht die Gefahr, sich gemeinsam gegen eine vermeintlich homophobe Umwelt zu verbünden und abzugrenzen. Darin zeigt sich die Abwehr schmerzlicher Erfahrungen beider Beteiligter.
- Wenn Heterosexuelle Homosexuelle behandeln, kommt es darauf an, die Andersartigkeit mit Zuwendung und authentischem Interesse zu würdigen und sich nicht abzuwenden. Dabei bleibt immer ein Rest an Differenz und Anderssein, der nicht verleugnet werden darf.

Man muss auch bedenken, dass die gängige analytische Abstinenz von Homosexuellen leicht als Ablehnung ihrer homosexuellen Identität erlebt wird. Diese Übertragung muss im Prozess reflektiert und durchgearbeitet werden. Die Handhabung der Gegenübertragung erfordert dabei eine positive Einstellung zur Homosexualität. Das setzt die Bereitschaft voraus, sich im Kontakt mit seinen Analysanden eigene homophile und homophobe Einstellungen bewusst zu machen und den Anderen als denjenigen anzuerkennen, der er mit seiner Gleichgeschlechtlichkeit tatsächlich ist.

In diesen Behandlungen geht es darum, das Begehren als ein bedeutendes Wesensmerkmal wertzuschätzen und dadurch die sexuelle Identität zu stärken. Auf diesem Wege kann die Behandlung die Aufgabe erfüllen, der Selbstfindung und Selbstverwirklichung zu dienen.

Andreas

Ein anderer homosexueller Patient kam vor vielen Jahren mit einer sozialen Phobie und Panikattacken zu mir in Behandlung. Er war verheiratet und hatte sich ein Jahr zuvor von seiner Familie getrennt, nachdem er mehrere homosexuelle Begegnungen hatte und sich in einen Mann verliebt hatte. Das war der Auslöser für seine Ängste. Er lebte jetzt in Trennung und hatte zwei Töchter, die er sehr liebte. Wir fanden bald heraus, dass die Schuldgefühle gegenüber der Frau und den Kindern angesichts seiner zur Verwirklichung drängenden homosexuellen Neigungen den Kern seiner Ängste bildeten und damit zusammenhingen, dass er für seine neue Lebensweise keinerlei Vorbild hatte.

Die Behandlung nahm eine gute Entwicklung und die Angstsymptome verschwanden, je mehr er sich als schwulen Mann anerkennen konnte. Er versicherte mir, wie sehr es ihm eine Richtung gab, dass er sich von mir in seinen Schuldkonflikten verstanden fühlte. Besonders betonte er, dass es ihm guttat, dass ich seine Liebe zu seinen Töchtern anerkannt und nicht als die »Scheinliebe eines Schwulen«, wie er sich ausdrückte, entwertet hatte. Das eröffnete uns die Möglichkeit, die Selbstzweifel an seiner Liebesfähigkeit ans Licht zu bringen, mit denen er sich als Homosexueller zutiefst entwertet und in seiner Liebesfähigkeit in Frage gestellt hatte.

Einige Jahre später bin ich ihm durch Zufall wieder begegnet. Ich erfuhr, dass es ihm seit der Behandlung gut gegangen war. Er lebte inzwischen in einer befriedigenden gleichgeschlechtlichen Partnerschaft, neben der er auch seinen beiden Töchtern ihren Platz bewahrt hatte.

Spezielle Manifestationen der Homosexualität

Latente Homosexualität

Die Geschlechtsorientierung umfasst bei allen Menschen ein Spektrum von Möglichkeiten, die beim Einzelnen unterschiedlich breit angelegt und in ihrer Ausrichtung auch nicht endgültig festgelegt sind. Homosexuelle Tendenzen kommen daher bei allen Menschen vor. Bei Menschen mit heterosexueller Geschlechtsidentität werden sie im Allgemeinen aber nicht als homosexuelle Handlungen ausgelebt. Man spricht daher von latenter Homosexualität. Es sind, nach Freud, die Reste einer nicht vollständigen Verdrängung der bisexuellen Grundkonstitution. Sie tritt auch in Träumen in Erscheinung und kann in der Psychodynamik psychischer Störungen zum Ausdruck kommen und für ihr Verständnis eine wichtige Rolle spielen.

Entwicklungshomosexualität

Unter Entwicklungshomosexualität versteht man ein Durchgangsstadium in der Pubertät mit homoerotischen Empfindungen und einem gesteigerten Interesse für Angehörige des eigenen Geschlechts. Sie äußert sich zumeist in Schwärmerei, Bewunderung und Verehrung, z. B. gegenüber Vorbildern wie Lehrer/innen oder Sportler/innen. Oft sind die Idole älter als die Jugendlichen, oft sind sie auch, wie z. B. Stars, unerreichbar. Zu Gleichaltrigen entstehen sehr enge Freundschaften, in denen auch sexuelle Handlungen wie Petting oder Masturbation vorkommen. Bei einer heterosexuellen Identität verschwindet diese Art der homophilen Neigungen mit der Entwicklung zum Erwachsenen, wenn das andere Geschlecht »entdeckt« wird. Selbst wenn die Kontakte überwältigend waren, bewirken sie keine bleibende Prägung.

Situative Homosexualität

Auch bei Menschen mit bisexueller oder ganz überwiegend heterosexueller Identität können Phasen auftreten, die von homosexuellen Neigungen und Handlungen dominiert sind. Diese sind im Allgemeinen nicht mit einem tiefen Verlangen und nicht mit einer intensiven Befriedigung verbunden. Sie sind nicht fixiert, drängen nicht zur Wiederholung und sind womöglich mit Schuldgefühlen belastet.

Das geschieht zum Beispiel unter besonderen Bedingungen, wenn die Heterosexualität nicht ausgelebt werden kann. So kommt es in ausschließlichen Männer- oder Frauengemeinschaften zu homosexuellen Handlungen, z. B. in Gefängnissen, Kasernen oder Jugendlagern. Nachhaltigen Einfluss auf die sexuelle Orientierung haben solche Episoden im Allgemeinen nicht. Sie zeigen aber, dass die sexuelle Orientierung keine Konstante ist und im Lebensverlauf durchaus Änderungen erfahren kann.

Konflikthomosexualität als Abwehr

Schließlich können homosexuelle Neigungen auch zur Flucht vor der Heterosexualität eingesetzt werden. Hier spricht man von Konflikthomosexualität, die der Abwehr dient. Sie scheint ein Thema von Männern zu sein und bei Frauen kaum vorzukommen. Wie mehrfach betont, galt sie in der Psychoanalyse lange als Prototyp der Homosexualität, d. h. diese galt vielen Psychoanalytikern als grundsätzlich konfliktbedingt und daher als krankhaft[189]. Aus heutiger Sicht handelt es sich hierbei aber um einen Sonderfall, der von der normalen Homosexualität abzugrenzen ist.

Den Hintergrund der Konflikthomosexualität bilden meistens nicht abgelöste, höchst konflikthafte Bindungen an die präödipale Mutter, welche die Entwicklung eines stabilen sexuellen Selbst und einer selbstbewussten Autonomie behindert hat. Wie bei vielen anderen psychischen Störungen spielt auch hier die unzureichende Triangulierung eine maßgebliche Rolle. Es fehlt der idealisierte Vater, mit dessen Hilfe die frühe Mutterbildung gelöst werden kann. So entsteht die Konflikthomosexua-

---

189 Bieber J (1962), Socarides CW (1968)

lität aus Konflikten um Bindung und Autonomie und nicht primär aus sexuellen Konflikten. Sie bewirken, dass die Betroffenen im homosexuellen Verhalten Anlehnung an das eigene Geschlecht suchen, um sich gegen die Macht der Mütter zur Wehr zu setzen und ihr Selbst zu retten.

Literatur

Abelin E (1971) The role of the father in the seperation-individuation process. In: McDevitt JB, Settlage CF 9(Ed) Seperation-individuation. Int Univ Press, New York.
Abraham K (1923) Ergänzungen zur Lehre vom Analcharakter. Int Zschr Psychoanal 9, 27–47.
Albrecht J (1998) Ein Gen für alle Fälle. Die Zeit 36.
Apel, OG (2008) Flexibilität und Stabilität der sexuellen Orientierung. Sexuologie 15, 5–15.
Balint, M (1937) Frühe Entwicklungsstadien des Ichs. Primäre Objektliebe. In: Balint M (1965) Unterformen der Liebe und die Technik der Psychoanalyse. Klett-Cotta, Stuttgart 1966.
Balint M (1968) Therapeutische Aspekte der Regression. Klett, Stuttgart 1970.
Beier KM, Hartmann U, Bosinski H (2000) Bedarfsanalyse zur sexualmedizinischen Versorgung. Sexuologie 7, 63–95.
Beier KM, Bosinski H, Loewit K (2001) Lehrbuch der Sexualmedizin. Urban & Fischer, Stuttgart.
Benjamin J (1988) Fesseln der Liebe. Stroemfeld / Roter Stern, Basel / Frankfurt a. M. 1990
Berner W (2011) Perversion. Psychosozial-Verlag, Gießen.
Bieber J (1962) Homosexuality. A Psychoanalytic Study. Jason Aronson, New York.
Bion WR (1962) Lernen durch Erfahrung. Suhrkamp, Frankfurt a. M. 1990.
Bollas C (1987) Der Schatten des Objekts. Klett-Cotta, Stuttgart 2005.
Bonaparte M (1967) La sexualité de la femme. Presses Universitaires de France, Paris.
Boothe B, Heigl Evers A (1996) Psychoanalyse der frühen weiblichen Entwicklung. Reinhardt, München.
Chasseguet-Smirgel J (1964) Psychoanalyse der weiblichen Sexualität. Suhrkamp, Frankfurt a. M.
Chodorow N (2001) Die Macht der Gefühle. Kohlhammer, Stuttgart.
Dannecker M (1974 Der gewöhnliche Homosexuelle. Eine soziologische Untersuchung über männliche Homosexuelle in der BRD, mit Reimut Reiche. Fischer, Frankfurt a. M.

Literatur

Dannecker M (1996) Probleme der männlichen homosexuellen Entwicklung. In: Sigusch V (Hg) Sexuelle Störungen und ihre Behandlung. Thieme, Stuttgart, S. 77–91.

Darwin C (1871) Die Abstammung des Menschen und die geschlechtliche Zuchtwahl. 2 Bände. Koch, Stuttgart (Neuaufl. Kröners Taschenbuch 2002).

Deutsch H (1925) Zur Psychoanalyse der weiblichen Sexualfunktionen. Internationaler Psychoanalytischer Verlag, Wien.

Dornes M (1983) Der kompetente Säugling. Fischer, Frankfurt a. M.

Dörner G (1995) Zur Bedeutung pränataler Sexualhormonspiegel für die Entwicklung der sexuellen Orientierung. Sexuologie 2, 18–31.

Eisenbud RJ (1986) Die lesbische Objektwahl. In: Alpert JL (Hg) Psychoanalyse der Frau jenseits von Freud. Springer, Berlin usw., 1992, 226–246.

Ermann M (1985) Die Fixierung in der frühen Triangulierung. Forum Psychoanal 1, 93–110.

Ermann M (2009a) Das homosexuelle Dilemma. Forum Psychoanal 25, 349–361.

Ermann M (2009b) Psychoanalyse in den Jahren nach Freud. Kohlhammer, Stuttgart.

Ermann M (2016) Prozedurale Faktoren in der psychoanalytischen Behandlung. Übertragung und Enactment aus intersubjektiver Sicht. Forum Psychoanal 32, 53–68.

Ermann M (2017) Männliche Homosexuelle in der psychoanalytischen Ausbildung. Forum Psychoanal 33, 99–108.

Etchegoyen RH (1991) Transference perversion. In: Etchegoyen H: Fundamentals in psychoanalytic technique. Karnak, London, 186–202.

Ferenczi S (1932) Ohne Sympathie keine Heilung. Das klinische Tagebuch von 1932. Fischer, Frankfurt a. M. 1988.

Fliegel ZO (1975) Freuds Theorie der psychosexuellen Entwicklung der Frau. Rekonstruktion einer Kontroverse. Psyche 9, 813–834.

Foucalt M (1996) Diskurs und Wahrheit: die Problematisierung der Parrhesia. 6. Vorlesung. Merve, Berlin.

Freud S (1896) Zur Ätiologie der Hysterie. GW Bd 1, 423–459.

Freud S (1905) Drei Abhandlungen zur Sexualtheorie. GW Bd 5, 26–145.

Freud S (1911) Psychoanalytische Bemerkungen über einen autobiographisch beschriebenen Fall von Paranoia (Dementia paranoides). GW Bd 8, 239–316.

Freud S (1914) Zur Einführung des Narzißmus. GW Bd 10, 138–170.

Freud S (1915a) Bemerkungen über die Übertragungsliebe. GW Bd 10, 305–321.

Freud S (1915 c) Triebe und Triebschicksale. GW Bd 10, 210–232

Freud S (1920) Über die Psychogenese eines Falles von weiblicher Homosexualität. GW Bd 13, 269–302.

Freud S (1920) Jenseits des Lustprinzips. GW Bd 13, 1–69.

Freud S (1923) Das Ich und das Es. GW Bd 13, 234–289.

Freud S (1925) Einige psychische Folgen des anatomischen Geschlechtsunterschiedes. GW Bd 14, 17–30.

Freud S (1926) Zur Frage der Laienanalyse. GW Bd 14, 207–295.
Freud S (1927) Fetischismus. GW Bd 14, 371–383.
Freud S (1931) Über die weibliche Sexualität. GW Bd 14, 515–537.
Freud S (1933) Neue Folge der Einführung in die Psychoanalyse. GW Bd 15.
Friedman RC (1988) Männliche Homosexualität. Klett-Cotta, Stuttgart 1993.
Gissrau B (1993) Die Sehnsucht der Frau nach der Frau. Kreuz-Verlag, Zürich.
Glasser M (1986) Identifications and its viossidudes as observed in perversions. Int J Psychoanal 67, 9–17.
Grunert J (1989) Intimität und Abstinenz in der psychoanalytischen Allianz. Jb Psychoanalyse 24, 203–235.
Heyne C (1991) Tatort Couch. Sexueller Mißbrauch in der Therapie. Hreuz-Verlag, Zürich
Hirschfeld M (1904) Berlins drittes Geschlecht. Homosexualität um 1900. H. Seemann, Berlin und Leipzig
Hirschfeld-Eddy-Stiftung (Hrsg.) (2008) Schriftenreihe der Hirschfeld-Eddy-Stiftung. Bd 1.
Horney K (1923) Zur Genese des weiblichen Kastrationskomplexes. Int Zschr Psychoanalyse 9, 12–26.
Horney K (1967) Die Psychologie der Frau. Fischer, Frankfurt a. M. 1977.
Isay RA (1989) Schwul sein. Piper, München 1990.
Jones E (1933) Die phallische Phase. Int J Psychoanal 8, 459–472.
Jung CG (1976) Die Archetypen und das kollektive Unbewussten Teil 1 Ges. Werke, Walter Verlag, Olten und Freiburg, Bd 9/2: 13
Kasprowski D, Fischer M, Chen X, De Vries L, Kroh M, Kühne S, Richter D, Zindel Z (2021): Geringere Chancen auf ein gesundes Leben für LGBTQI*-Menschen. DIW Wochenbericht Nr. 6/2021, 80–88. www.diw.de/documents/publikationen/73/diw_01.c.810350.de/21-6-1.pdf
Kernberg OF (1985) Ein konzeptuelles Modell zur männlichen Perversion. Forum Psychoanal 1, 167–188.
Kernberg OF (1994) Das sexuelle Paar. Psyche 48, 866–885.
Khan MMR (1979) Entfremdung bei Perversion. Psychosozial Verlag 2002.
Kinsey AC (1948, 1953) Das sexuelle Verhalten des Mannes. Das sexuelle Verhalten der Frau. Fischer. Frankfurt a. M. 1966.
Klein M (1928) Frühstadien des Ödipuskomplexes. Int Z Psychoanal 14, 65, 77.
Kohlberg J (1974) Zur kognitiven Entwicklung des Kindes. Suhrkamp, Frankfurt a. M.
Kohut, H (1971) Narzißmus. Suhrkamp, Frankfurt a. M. 1973
Körner J, Rosin U (1985) Das Problem der Abstinenz in der Psychoanalyse. Forum Psychoanal 1, 25–47.
Krutzenbichler HS, Essers H (2012) Übertragungsliebe. Psychosozial Verlag, Gießen.
Künzler E (1992a) Der homosexuelle Mann in der Psychoanalyse. Theorie und Praxis im Wandel Forum Psychoanal 8, 202–216.

Künzler E (1992b) Kann ein Homosexueller Psychoanalytiker werden/sein? Psychoanalyse im Widerspruch 3, 21–38.

Lacan J (1964) Das Seminar, Buch XI. In: Die vier Grundbegriffe der Psychoanalyse. Walter, Olten und Freiburg 1978.

Lackinger F (2009) Psychoanalytische Überlegungen zu Pädophilie. Psychotherapeut 54, 262–269.

Laplanche J (1988) Die allgemeine Verführungstheorie und andere Aufsätze. Edition discord, Tübingen.

Laumann, E.O. et al. (1994) The Social Organisation of Sexuality, Chicago.

Le Soldat J (2015) Grund zur Homosexualität. Fromman-Holsboog, Stuttgart.

Leuzinger-Bohleber M (1984) Transvestitische Symptombildung. Psyche – Z Psychoanalyse 38, 817–847.

Lindhoff L (2003) Feminismus und Psychoanalyse. In: Einführung in die feministische Literaturtheorie. Sammlung Metzler. J.B. Metzler, Stuttgart.

McDougall J (1985) Plädoyer für eine gewisse Anomalität. Suhrkamp, Frankfurt a. M.

Mertens W (1992) Entwicklung der Psychosexualität und der Geschlechtsidentität, Bd 1. Kohlhammer, Stuttgart.

Mertens W (1994) Entwicklung der Psychosexualität und der Geschlechtsidentität, Bd 2. Kohlhammer, Stuttgart.

Meyer-Bahlburg HFL (1992) Möglichkeiten und Grenzen psychoendokrinologischer Erklärungsansätze für die menschliche Geschlechtertypik. In: Wessel KF, Bosinski HFL (Hg) Interdisziplinäre Aspekte der Geschlechterverhältnisse. Kleine, Bielefeld.

Mitchell, J (1973) Psychoanalyse und Feminismus. Freud, Reich, Laing und die Frauenbewegung. Suhrkamp, Frankfurt a. M.

Mitscherlich-Nielsen M (1976) Psychoanalyse und weibliche Sexualität. Psyche – Z Psychoanalyse 29, 769–788.

Money J (1955) Hermaphroditism, gender and precocity in hyperadrenocorticism: Psychologic findings. Bull John Hopkins Hosp 96, 253–264.

Money J, Hampson JG, Hampson JL (1955) An examination of some social concepts. Bull John Hopkins Hosp 97, 301–310.

Morgenthaler F (1974) *Die Stellung der Perversionen in Metapsychologie und Technik. Psyche* 28: 1077–1098

Morgenthaler F (1984) Homosexualität, Heterosexualität, Perversion. Qumran, Frankfurt a. M., Paris.

Nieder TO, Bricken P, Richter-Appelt H (2013) Transgender, Transsexualität t und Geschlechtsdysphorie: Aktuelle Entwicklungen in Diagnostik und Therapie. PSYCHup2date 7, 381.

Orange DM, Atwood GE, Stolorow RD (1997) Intersubjektivität in der Psychoanalyse. Brandes & Apsel, Frankfurt a. M. 2001.

Otscheret L (2004) Die Bedeutung von Erotik und Sexuellem in der Psychoanalytischen Praxis. In: Braun C, Otscheret L (Hg) Sexualitäten in der Psychoanalyse. Brandes u. Apsel, Frankfurt a. M. 2004.

Parin P (1986) Die Verflüchtigung des Sexuellen. In: Parin P, Parin-Matthèy G: Subjekt im Widerspruch. Aufsätze 1978–1985. Frankfurt a. M. Syndikat, 81–89

Pfannschmidt H (1997) Der Körper der Übertragungsliebe. In: Höfeld K, Schlösser AM (Hg) Psychoanalyse der Liebe. Psychosozial-Verlag, Gießen.

Pfannschmidt H (1998) Der »Gebrauch der Lüste« in der Analysestunde. Forum Psychoanal 14, 364–384

Plöderl M, Kralovec K, Fartacek C, Fartacek R (2009) Homosexualität als Risikofaktor für Depression und Suizidalität bei Männern. Blickpunkt Der Mann 7(4), 28–36

Poluda-Korte E (2001) Probleme der weiblichen homosexuellen Orientierung. In: Sigusch V (Hg) Sexuelle Störungen und ihre Behandlung. Thieme, Stuttgart.

Preuss WF (2016). Geschlechtsdysphorie, Transidentität und Transsexualität im Kindes- und Jugendalter. Reinhardt, München

Puterbaugh G (Hg) (1990) Twins and homosexuality. Garland, New York, London.

Quindeau I (2008) Verführung und Begehren. Die psychoanalytische Sexualtheorie nach Freud. Klett-Cotta, Stuttgart.

Quindeau I (2014) Sexualität. Psychosozial-Verlag, Gießen.

Rauchfleisch U (1993) Homosexualität und psychoanalytische Ausbildung. Forum Psychoanal 9, 339–347.

Rauchfleisch U (2011) Schwule, Lesben, Bisexuelle. 4. Aufl., Vandenhoeck und Ruprecht, Göttingen.

Rauchfleisch U (2014) Hetero-, Homo-, Bisexualität t. In: Mertens W (Hg) Handbuch psychoanalytischer Grundbegriffe. 4. Aufl., Kohlhammer, Stuttgart.

Rauchfleisch U (2016) Transsexualität t – Transidentität – Begutachtung, Begleitung, Therapie. 5. Aufl., Vandenhoeck und Ruprecht, Göttingen.

Rauchfleisch U (2017) »Trans*Menschen«, Psychotherapie und Psychoanalyse. Forum Psychoanal 33, 431–446.

Rauchfleisch U (2023) 52 Jahre erfahrungen mit Transidentität. Forum Psychoanal 39, 1

Reiche R (1997) Gender ohne Sex. Psyche 51, 926–957.

Reiche R (2001) Der gewöhnliche Weg zur Homosexualität beim Mann. In: Bohleber W, Drews S (Hg) Die Gegenwart der Psychoanalyse – Psychoanalyse der Gegenwart. Klett-Cotta, 288–303.

Rohde-Dachser C (1991) Expedition in den dunklen Kontinent. Weiblichkeit im Diskurs der Psychoanalyse. Springer, Berlin usw.

Rohde-Dachser C (1994) Männliche und weibliche Homosexualität. Psyche 48, 827–841.

Saghir MT, Robins E (1973) Male and female homosexuality. A comprehensive investigation. Baltimore, Williams & Wilkins.

Salber L (2006) Freud und die Frauen. Rowohlt-Taschenbuch, Reinbek.

Schmidt G (1999) Über die Tragik pädophiler Männer. Zschr Sexualforschung 2,133–139.
Schmidt G (2000) (Hg) Kinder der sexuellen Revolution. Psychosozial Verlag, Gießen.
Schmidt G, Strauss B (1998) Sexualität und Spätmoderne. Enke, Stuttgart.
Schmithüsen G (2012) Von der Schwierigkeit, über die Liebe zu reden. Psyche 66, 193–212.
Schon L (2017) Homophobie und Heterophobie – Schwierigkeiten unterschiedlicher psychosexueller Konstellationen des analytischen Paares. Journal für Psychoanalyse 57: 66–81.
Schweizer K (2017) Geschlechtsidentität bei Intersexualität. Psychosozial 37 (135): 63–74.
Sigusch V (1991) Die Transsexuellen und unser nosomorpher Blick. Zeitschrift für Sexualforschung. 1991/225–256 und 309–343.
Sigusch V (1998) Die neFFosexuelle Revolution. Über gesellschaftliche Transformationen der Sexualität in den letzten Jahrzehnten. Psyche 52: 1192–1234.
Sigusch V (2005) Neosexualitäten. Campus, Frankfurt am Main.
Socarides CW (1968) The Ouvert Homosexual. Jason Aronson, New York.
Springer A, Münch K, Munz D (Hg) (2008) Sexualitäten. Psychosozial-Verlag, Gießen.
Steffens MC, Ebert ID (2016) Frauen – Männer – Karrieren. Springer, Heidelberg usw.
Stoller RJ (1968) Sex and gender. Hogarth Press, London.
Stoller RJ (1975) Perversion. Die erotische Form von Hass. Rowohlt, Reinbek 1979.
Weininger O (1903) »Geschlecht und Charakter«. Braumüller, Wien und Leipzig.
Williams N (2002) The impositions of gender. Psychoanal Psychother 19, 455–474.
Winnicott DW (1951) Übergangsobjekte und Übergangsphänomene. Dt in: Vom Spiel zur Kreativität. Klett, Stuttgart 1973.

Stichwortverzeichnis

A

Abstinenz 71, 154
Alibidinie 81, 86
Amenorrhoe 83
Asexualität 39
Autoerotik Siehe Homosexualität 51

B

Befreiung, sexuelle 26, 36, 47
Begehren 14, 34
- der Eltern 43
- ödipales 53
Beziehungsarbeit 92
Bigender 39, 115
Bisexualität
- Begriffe 39
- konstitutionelle 22, 26, 39, 56
- psychische 39, 137

C

Cissexualität 40, 116
Coming-out 148, 150

D

Dilemma, homosexuelles 143
divers 27

E

Ejaculatio praecox 81, 84
Entwicklung
- anale 52
- genitale 54
- orale 51
- phallisch-ödipale 53
- weibliche bei S. Freud 57
Entwicklung Siehe Triebentwicklung 51
Erektionsstörung 84
Eros 32
Erotik 14, 34
- in der Behandlung 70, 73, 92
Exhibitionismus 102

F

Fetischismus 98
Frauenbewegung 13, 15, 26, 36, 57, 64
Freud, S. 51, 55
- Bisexualität 22
- Drei Abhandlungen... 10, 45, 47, 51
- Hermaphroditismus 26
- Homosexualität 142
- Libido 41
- Liebesübertragung 76
- Neurosenlehre 45

Stichwortverzeichnis

- Objektwahl 24
- Perversion, Inversion 107
- Trieb 48
- Verführungstheorie 45
- weibliche Entwicklung 57, 60
- weibliche Sexualität 60
Funktionsstörung, sexuelle Siehe Sexualstörung 80

G

Gegenübertragung
- Erotik 72
- Homosexualität 154
- intersubjektiver Dialog 92
- Paraphilie 113
- Transidentität 125
Gender 15, 65, 115
Geschlecht, diverses 126, 128
Geschlecht, drittes 138
Geschlechterordnung, binäre 18, 25, 94
Geschlechterrolle 21, 28, 34, 88
Geschlechterrollenvorgabe 31
Geschlechtsangleichung, Transition 116, 119, 125
Geschlechtsdysphorie 114
- Psychodynamik 120
Geschlechtsidentität 16, 26, 88, 148
- Entwicklung 19
- hermaphroditische 127
- intersubjektiver Prozess 27
- nicht-binäre 95, 114

H

Hermaphroditismus 26
Homophobie 58
Homosexualität
- als Abwehr; Konflikt- 157
- Autoerotik 51, 136, 143, 147

- Behandlung, psychoanalytische 151, 154
- bei Freud 57, 140
- Definition 140, 142
- Entwicklung 142
- Entwicklungshomosexualität 156
- Geschichte 138
- Krankheitsrisiko 148
- Krankheit, -swert 140
- latente 156
- normale/Neigungs- 142
- Paranoia 145
- Persönlichkeit 148
- Psychoanalyse 140
- situative 157
- weibliche 144

I

Impotenz 81
Intersexualität 27, 39, 126, 137
intersubjektiv 27, 29, 31, 44, 59, 76, 93

K

Kastrationsangst 53, 62, 108
Kernidentität 20, 21, 28, 58
- homosexuelle 146
Kinderwunsch 64, 133
Kinsey-Report 85, 94, 130
Ko-Konstruktion, intersubjektive 44, 101
Konstitution, psychosexuelle 12, 20, 22, 28, 42, 135, 143

L

Latenz 54
Libido 14, 41, 48
Libidotheorie Siehe Triebtheorie 57

Liebe 14, 34
Liebesobjekt 21, 22, 42, 51, 53, 58, 110, 143, 152
- Bisexualität 137

M

Masochismus Siehe Sadomasochismus 99
Mentalisierung 20, 21
Missbrauch, sexueller 68
Mutter, präödipale 43, 58, 61, 99, 109, 112, 144, 145, 157

N

Neosexualitäten 38, 96
Neurose
- Entstehung 45
- Triebtheorie 44

O

Objektwahl, homosexuelle, narzisstische 142, 143
Ödipuskomplex 21, 23, 46, 53, 57, 58, 64
- früher (Klein) 67
- homosexueller 144
- weiblicher 61
Orgasmus 33, 50, 54, 81, 102
Orgasmusstörung 81, 84
Orientierung, sexuelle 21, 88, 89, 130
- Dimensionen 133
- Häufigkeit 130
- Komorbidität 132, 134
- Persönlichkeit 134
- Psychotherapieindikation 134
- Ursachen 134

P

Pädophilie 103
Pansexualität 40, 132
Paraphilie 40, 56, 96, 117
- Behandlung 112
- Formen 97
- Ichspaltung 105
- Persönlichkeiten 105
- Plombenfunktion 107, 113
- psychoanalytische Ansätze 107
Partialtrieb 47, 50, 56, 108
Penisneid 26, 53, 57, 60, 62, 64, 109, 145
Perversion Siehe Paraphilie 97, 107
Phallozentrismus 26, 57, 62
Polyamorie 40
Polysexualität 40, 132
Prostatitis 82
Protoidentität
- homosexuelle 146
- sexuelle 19, 43
Pubertät 54, 148

R

Repräsentanz 17, 48

S

Sadismus Siehe Sadomasochismus 99
Sadomasochismus 99
Selbstobjekt 59, 152
Selbst, sexuelles 16, 20, 44, 65
Sex (alltagssprachlich) 13
Sexualisierung 74, 75, 77, 99, 106, 108, 110, 111
Sexualität
- Beziehungsfunktion 34
- Definition 13, 42
- Dimensionen 11
- Entwicklung 62, 64

- Fortpflanzungsfunktion 32
- infantile 44, 55
- intersubjektiver Prozess 59
- Lustfunktion 33
- polymorph-perverse 50
- präsexuelle Bedürfnisse 35
- Störung und Behandlung 96, 97, 113, 116
- Verblassen in der Theorie 67
- weibliche 17
Sexualitäten 9, 35, 39
Sexualstörung 79
- Behandlung 90
- Konversion 86
- Pathogenese 85
- posttraumatische 89
- Psychodynamik 87
- psychogene 79
- Somatisierung 87
- Übersicht 81
Sexuelle, das 12, 20, 36, 43, 49, 67, 79
- Präsenz in der Behandlung 70
Sex und Gender 15, 65
Sodomie 138
Syndrom
- androgenitales 127
- prämenstruell 82

T

Trans* 115
Transgende 114
Transgender 40, 115
Transidentität 40, 119
- Behandlung 123
- Behandlung und Begleitung 124
Transidentität Siehe auch Geschlechtsdysphorie 118
Transition, Geschlechtsumwandlung 116

Transsexualität Siehe Transidentität 118
Transsexualität siehe Transidentität 40
Transvestitismus 40, 98, 117
- Behandlung 124
Triade, homosexuelle 147, 152
Triangulierung 23, 108, 110, 157
Trieb 15, 47
- Definition bei Freud 48
Triebentwicklung
- Phasen 51
- zweiphasige 51
Triebtheorie
- Bedeutung 55
- Kritik 57
- Varianten 48
Trisexualität 40, 132

U

Übertragungsliebe 75
- als Ablösungsversuch 76
- als Widerstand 75
- intersubjektiv 76
- maligne 75
Urogenitalsyndrom, psychogenes 82, 83

V

Vaginismus 86
Verführungstheorie
- allgemeine (Laplanche) 43, 59, 93
- Freud 43, 45, 48
Vorlust 47, 50
Voyeurismus 102

Z

Zuweisungsgeschlecht 114

Personenverzeichnis

A

Adler, A. 57

B

Balint, M. 59
Benjamin, J 65
Bion, W. 92
Bonaparte, M. 62

D

Darwin, Ch. 60
Deutsch, H. 62

F

Ferenczi, S. 73
Fließ, W. 22
Freud, S. 9, 22, 27, 42, 44, 47, 48, 56, 60, 108
Friedman, R. C. 140

G

Gissrau, B. 144
Glasser, M. 109

H

Hamer, D. 135
Hartmann, H. 67
Hirschfeld, M. 138
Horney, K. 57, 63

I

Isay, R. 141

J

Jones, E. 62
Jung, C. G. 27, 57

K

Kernberg, O. 78, 110
Klein, M. 58, 62, 67
Kohut, H. 59
Kraft-Ebing, R. v. 138

L

Lampl-de Groot, J. 57
Laplanche, J. 25, 43, 59, 93

M

McDougall, J. 38, 96
Morgenthaler, F. 13, 36, 109, 136, 143

P

Parin, P. 67
Pfannschmidt, H. 93

Q

Quindeau, I. 43, 59

R

Rauchfleisch, U. 119, 120
Reich, W. 36
Reiche, R. 19
Rohde-Dachser, C. 65

S

Sigusch, V. 39, 96, 116
Stoller, R. 16, 20, 110

U

Ulrichs, K.H. 138